石井朋彦
アニメプロデューサー

新装版

自分を捨てる仕事術

鈴木敏夫《スタジオジブリ》が教えた
「真似」と「整理整頓」のメソッド

WAVE出版

はじめに

「君さァ、若いということの本当の意味ってわかる?」

2000年、ぼくが22歳のときです。

当時51歳の鈴木敏夫さんにそう問われたとき、いくつかの返答が浮かびました。「体力と気力にあふれている」「未来への可能性がある」「新しい発想や価値観を持っている」……。

でも、眉間にしわを寄せ、タバコをトントンと叩きながらこちらを見据えている鈴木さんの目を見て、それが正解ではないということだけは理解し、うなだれながら「わかりません……」と答えたのです。

鈴木さんはタバコに火をつけて煙を吐き出し、こう言いました。

「それはね、何もないってことなんだ」

スタジオジブリで、作家・塩野七生《しおのななみ》さんの講演会が開かれた日のことでした。塩野さんを招いたのは、宮崎駿監督。講演後の質疑応答の時間、質問が少なかったこともあって、ぼくは憧れの塩野さんとひと言でも話したい（皆にいいところを見せたい）と、持論を展開しつつ、質問をぶつけたのでした。

塩野さんは「なかなか難しい質問ね」と微笑みながら、ていねいに答えてくださいました。宮崎さんもそのお話を受けて議論を再開し、講演は予定時間を大幅に超えて終了。ぼくは、あの塩野さんに質問し、その場が盛り上がった（と思い込み）と満足して、家路につきました。

その夜、鈴木さんからこんなメールがありました。

「今宵の君の、塩野さんへの質問のタイミングは最低でした」

有頂天な心中は一転。ぼくはあわてて謝罪のメールを返信しました。

翌朝、鈴木さんの部屋に呼ばれ、冒頭のひと言を言われたのです。

「だれも、君の意見なんか求めていない。だいたい、質問がなかったんだったら、それは議論が終わったってことなんだ。君の意見はどうでもいいの！」

そしてその日から、「何者でもない若者のための仕事術」を、鈴木さんから伝授されたのでした。

自分の意見を捨てて、ノートを取る

はじめに、こう言われました。

・自分の意見を捨てろ

・常にノートとペンを持ち歩き、その場で話されたこと、起きたこと、相手の身振り手振りや場の雰囲気も含めてすべて書き残せ

「若いっていうのは、まわりからは何も期待されていないということなんだ。それを自覚することがいちばん大事。若いときにしかできない仕事というものがある。それは、自分の意見を持たないこと。だれも君がいいことを言うなんて期待していないし、若い人の意見が必要なときは、おれが聞くから」

「何か言おう、言おうって思っていると、人の話が聞けなくなる。昨日の塩野さんのときの質問がまさにそれだった。君は自分の意見ばかり考えて、人の話を聞けていない」

当然、反発はありました。

ぼくは、かなり重症な、プライドの高い自意識過剰な若者でした。自分の意見を持たないなんて、生きている意味がない。「自分にしかできないこと」「自分らしさ」「自分だけのアイデア」を発揮することこそ、仕事において、人生においてもっとも重要なことだと考えていたのです。

3年間、真似をする、真似だけをする

鈴木さんはこう続けました。

「宮崎駿という人は、高畑勲という人の下で20年間、真似をし続けた人なんだ。考え方や立ち振る舞い、話し方。字まで真似たんだよ」

そして、高畑さんと宮崎さんの手書きの文字を並べて、見せてくれました。『風の谷のナウシカ』と『天空の城ラピュタ』の企画書でした。

「よく見て。高畑さんの字は、右に倒れているでしょ。これを、左に傾けると、宮さんの字になる。宮さんは、高畑さんの字まで真似たんだ。そして、結果、『宮崎駿』になった」

そういう鈴木さんの字も、高畑さんと宮崎さんの字に似ていることに、そのときはじめて気づきました。

顔を上げると、鈴木さんはぼくの目をまっすぐ見て、こう言いました。

「これから3年間、おれの真似をしな。自分の意見を捨てて、くもりなき眼（これは『もののけ姫』の主人公アシタカの台詞です）で世界を観ること。それを3年間続けて、どうしても真似できないと思ったところが、君の個性ということになるから」

そして鈴木さんは、「がんばってね〜」と手をひらひらさせて、トレードマークの雪駄《せった》をパタパタ鳴らしながら、次の打ち合わせへと向かってゆきました。

＊＊＊

ぼくの職業は、アニメーションのプロデューサーです。

映画やテレビ作品を企画し、資金を調達し、スタッフを集め、作品を制作してお客さんのもとに届けるのが、プロデューサーの仕事です。劇場用映画・テレビ・ウェブ動画・広告・イベントのプロデュースなど、ジャンルはさまざま。

21歳のときにスタジオジブリに入社し、高畑勲監督の『ホーホケキョ　となりの山田くん』の制作部に配属されたあと、鈴木敏夫さんの下で、宮崎駿監督の『千と千尋の神隠し』『ハウルの動く城』等のプロデューサー補をつとめました。

27歳でジブリを辞め、押井守監督、岩井俊二監督といった、日本を代表する映画監督の作品をプロデュースする機会に恵まれました。

作品に、お客さんやクライアントが対価を払ってくださることで、次の作品をつくるチャンスをいただく。

その繰り返しを20年近く続けてきました。

これまで仕事を切らさずに生きてこられたのは、師であるスタジオジブリの鈴木敏夫さんに叩き込まれた「仕事術」のおかげです。高畑勲、宮崎駿という天才と組み、いまもトッププロデューサーとして活躍する鈴木さんの下で20代を過ごし、「仕事術」を伝授してもらいました。

鈴木さんの教えを、ずっとノートに記録してきました。いつのまにかそのノートは、段ボール数箱ぶんにもなりました。

最近、仕事で会う人から、「鈴木さんから何を学んだのか」と聞かれることが多くなりました。

世の中が一筋縄でいかなくなったいま、多くの人が、「どうやって仕事と向き合ったらよいのか」悩んでいるように感じます。

鈴木さんが教えてくれた「仕事術」。それは、ゼロから1を生み出す、クリエイティブな発想術でも、完璧なクリエイター&ビジネス集団をつくる組織論でもありません。

「自分を捨てて他人の真似をする」という仕事術です。

この「自分を捨てる仕事術」を20年近く実践することによって、ぼくの人生は一変しました。

ぼくは本来、こうした本を書く資格のある人間ではありません。いまだ道半ばであり、読者の方へ向けて「仕事術」を書くような立場ではないと思っています。

でも、これから社会に出る若い人たちや、いま現在、仕事や人生の壁にぶち当たっているかつてのぼくのような方々に、どうしても伝えたいことがあります。

それは、鈴木さんに6年かけて教えていただいた「自分を捨てる仕事術」以上に、心から人生と仕事を楽しむ方法はない、という確信です。

現代社会には「自分」という形のない言葉があふれています。

「自分探し」「自分らしさ」「自分の生きがい」「自己実現」「世界にひとつだけの花」……。

鈴木さんは何度も言いました。

「自分を捨てろ」と。

個性尊重、自分探しが止まらない現代。これから紹介する「自分を捨てる仕事術」は一見、「負け」と映るかもしれません。

ですが、鈴木さんや、優れたクリエイターと共に仕事をしてきたこの20年弱、天才と呼ばれる人が共通して持っていたのは、「自分を捨て、だれかのために仕事をする」というあり方でした。

この本で伝えたいことは、ひとつです。

自分なんてどこにもいない。
自分のなかには何もない。
何かあるとしたら、それは外、つまり他人のなかである。

このことを自覚することで、生きること、仕事をすることは、まるで魔法がかかったかのように楽しくなります。

鈴木さんは「自分を捨てる仕事術」を、具体的、実践的に教えてくれました。その方法を、紹介したいと思います。

目次

第2章［実践編］
鈴木敏夫が教えたエゴを手放す仕事のメソッド

4

相手を引き込む話し方

5

深く聞く技術

第3章［実践編］

自分を捨てると人が見える

装幀　bookwall
DTP　つむらともこ
校正　大谷尚子

第１章

自分を捨てて
他者を真似る

1

他人の意見だけを、書く、まとめる、読み返す

自我を手放すと、俯瞰《ふかん》の視点を手に入れられる。

「人を肩書きで判断しろ！」

「3年間、自分を捨てておれの真似をしろ」

と言われても、はじめは途方に暮れるばかりでした。

「自分を捨てろ」と言われても、どうしたらいいかさっぱりわからない。結果、ひたすら毎日怒鳴られることになります。

何か言っても「違う」。

何かすると「そうではない」。

意味もわからないまま、とにかく怒られる。

会議室を確保し、席順を決め、議事録を取ることが、ぼくの最初の仕事でした。

「これから打ち合わせでは、席順、相手の肩書きや見た目、その場で話されたことをすべて、具体的・映像的に書き残しなさい。ノートとペンを手放さないこと。それを会議が終わったら読み返し、家に帰ったら寝る前に読み直して整理する。必ず寝る前にやること」

「人間は書かないと5割忘れる。寝て起きると8割は忘れる」

「人はね、打ち合わせの場では、地位とか、雰囲気とか、声の大きさとかで相手を判断しがちなんだ。でもそんなのは関係ない。偉い人が的外れなことを言うこともあるし、若い人がすごくいい意見を言っていることも多い。ノートを読み返すと、その場で何が大事だったのかが自《おの》ずと見えてくる」

鈴木さんの予定はいつも朝からいっぱいで、1日にアポイントメントが10件を超えることもざらでした。当時は無印良品のA4ノートを使っていたのですが、3日で1冊使いきってしまうようなペースでした。

ノートには、

日時
場所
参加者の名前と所属・肩書き
席の並び順
発言
参加者の風貌や話し方（身振り、手振りも）

を記録します。

「○○会社△△部□□部長」といった肩書きの詳細を書くことも、重要な意味があります。

鈴木さんはこう断言しました。

「人を、肩書きで判断しろ」

普通は「人を、肩書きで判断してはいけない」じゃないか？
納得のいかない顔をしていると、いつもの上目づかいで続けます。

「君がいま思っているような意味じゃない。抽象的に相手を判断するな、ということ。君は好き嫌いが激しすぎる。自分が好きな人にはよくするけど、嫌いな人には徹底的に厳しい。でも、それって君の主観だろう」

主観で何が悪い。主観といってもフェアな主観だ。明らかに仕事をしていない人や、プロジェクトにおいてマイナスな人は、年齢や肩書きに関係なく、容赦なく切り捨てるべきだ。それが、ちゃんと仕事をしている人に対する最低限の礼儀だ。ぼくはそう信じていました。

「そんなのは関係ないの。自分にとっていい人か、悪い人かっていうのはどうでもいい。大事なのは、相手が『どういう立場にいて、何ができる人なのか』ということなんだ。だから肩書きを見る。そして、その人と、これからどのような仕事ができるのかを客観的に判断する」

「よく、同世代で飲み会をやって、将来の夢を語っているのがいるでしょ。ああいうのがいちばんくだらない。決定権がない人間同士が愚痴を言っているだけ。おれは昔から、同世代とはほとんど仕事をしてこなかった。同世代とできる仕事なんてたかがしれてるんだよ！」

なるほど。たしかに、若いときは同じ世代で飲み会をして夢を語っていても、仕事には結びつかないことが多い。

もちろん、５年後、10年後におたがいが決定権のある立場になっていることもありますから、関係は長く続けたほうがいい。ですが、現時点では、名刺の肩書き——

—その人がいま、何ができる人で、自分が何を提供すれば化学反応が生まれるのか、ということこそ重要な情報なのです。「人は肩書きじゃない」という理想主義にはなんの意味もないことを悟りました。

会議は席順が命

もともと単純バカなので、言われたとおりにやってみました。

出社すると、その日の会議や打ち合わせに出席する人の名前をリスト化します。始まる30分前には会議室に行き、席順を決める。鈴木さんはせっかちで、開始15分前には席についてタバコをふかし始めるので、それまでに準備を終わらせなくてはいけません。

最初のころ、鈴木さんは会議の前に必ず、どこにだれが座るのか、席順をこまかく指示してくれました。

たとえば、その日の打ち合わせが、来訪者が企画を提案してくる場だったとします。議事録を取るぼくは鈴木さんの横に座ります。鈴木さんの正面に、先方の責任者が座るようにします。

でも、それだけではダメなのです。

鈴木さんと責任者だけが議論する場をつくってしまうと、新しい意見が生まれにくい。そこで、来訪者のなかで、鈴木さんが気に入りそうな若いスタッフ（明るくて、率直に意見を言いそうな人）を、鈴木さんの目線が届く場所に座らせます。

席順で重要なのは、「目線」です。自分の意見よりも、相手の意見を引き出したいときは、みんなの目線が自分にぶつからない席に身を置いたほうが、議論を俯瞰《ふかん》しやすい。議論に決着をつけたい場合は、決定権者の目線が、自分のほうへ向く位置に座ります。

すべては、議論が活性化するためです。

席順を変えただけで議論の質ががらりと変わるのです。

会議が始まったら、各々の発言はもちろん、相手の身振り手振りやテンションまでもできるだけ正確にノートに取ります。

何ページか進んだら、最初のページに戻って議論の始まりを見直します。

最初は、自分の意見を言いたくてウズウズしていたのですが、怒られるので考えないようにしました。「自分の意見は考えなくていい」わけですから、人の発言をメモすることに徹すればいい。驚くほど集中できます。

鈴木さんはたまに、ぼくのノートをのぞきます。そして、前の会話を思い出してまた議論に戻る。「さっきの、なんだっけ？」と問われれば、ノートを見せながら、すぐに答えることができます。

そんなことを何百回と繰り返しているうちに、自分がその場にいるだれよりも、議論の全体像を把握できていることに気づきました。

鳥肌が立ちました。

自分の意見ばかり考えていたときは、相手の意見に対しては「違う」としか思わない。若者の意見はスルーされがちなので、ますますムキになり、その場の空気を支配している人に相づちを打っていました。この相づちは「同意」ではなく、自分の存在をまわりにアピールしたいがためだけの相づちなので、議論においてはなんの意味もありません。

では「君の意見は?」と問われたときはどうすればよいのか。

これは簡単です。

それまで話されてきた議論のなかで、自分が「今回の議論に必要」と思った意見(赤丸で囲んだり、☆マークをつけたりしていました)を引き合いに、「○○さんがこうおっしゃいましたが、ぼくもその意見に近くて……」と切り出せばいいのです。

実は、鈴木さん自身がそうでした。

じっと相手の意見に耳を傾け、何がいちばん大切かを探している。ある程度方向性が見えたら、自分自身のアイデアと関連づけて話し始める。

しばらくして、気づきました。「おれの真似をしろ」と言った鈴木さんこそ、相手の意見を自分の意見として取り込む「真似の名人」だ、ということに。

意見は他人の「真似」でいい

鈴木さんは、ゼロから1を発想するタイプのアイデアマンではありません。みんなの意見やアイデアを総合的に判断し、もっとも優れたもの、その場に必要なものを、順列に組み立てます。

当初は、そこに反発していました。

「自分の意見」「オリジナリティーあふれるアイデア」を生み出すことがクリエイティブだと思い込んでいたぼくは、自分の意見を横取りされたかのような感覚になったのです。

鈴木さんは、ぼくが不満そうな顔をしていると、こう言いました。

「だれが言ったとか、どうでもいいじゃん」

その場で何がもっとも重要なのか。

そもそも、みんなで集まって議論をする最大の目的は何か。

それは、自分ひとりでは何日、何カ月かけても到達できないような発想が、みんなで言葉を交わし合いながら生まれること、その一点のみなのです。


鈴木さんが、どのようにしてこうした考え方を身につけたのかはわかりません。もしかすると、もともと自我というものが極端に少ない人だったのかもしれません。

以前のぼくは、強烈な個性と自分を確立している（ように見える）人のほうが仕事ができると考えていました。しかし、実は逆なのだ、と最近とみに感じます。

人の意見を取り入れ、流れに任せ、その場で求められている空気をつかむ才能を持っている人のほうが、ずっと大きな仕事を成すのではないか。

実際にぼくが見てきた大きなチャンスを得る人は、皆このタイプでした。


ひとつ注意したいことがあります。

相手の意見を、自分の意見と関連づけて話す際に、ただそのまま話すだけでは、

「それ、自分がさっき言ったことじゃないか」という反発が生まれてしまいます。

反発を避けるための枕詞が大切なのです。

相手が得意先や来客者の場合で、目上の方であれば、

「さっき、○○さんがおっしゃったように」

という枕詞をつけます。若い人のときは、

「△△さんの意見は、とてもおもしろかった」

と、切り出す。身内の場合は、

「□□はよく知っているけれど……」

と、まず相手を立てる。このひと言を入れるか入れないかで、印象はまったく違ってきます。

相手の意見を自分の意見として取り込む瞬間こそ、もっとも「自分を捨てる」必要がある。そのアイデアや意見は、「あなたにもらったものなのだ」と表明することが大切なのです。

鈴木さんはいまもよく、

「石井はよく知ってるけどさぁ」

と言いながら、議論を活性化させます。その瞬間は、ぼくにとってとても心地よい瞬間です。たとえ鈴木さんの手の上で踊らされている、とわかっていても。

アイデアマンと実行者は違う人

アイデアを生み出す人、実際にそれを実行できる人。
鈴木さんはこのふたつをハッキリと分けて考えていました。

自分が出したアイデアを実現できるのは、○○さんかもしれない。
逆に、○○さんが出したアイデアを、より具体化できるのは自分かもしれない。

ぼく自身も、議事録を書く仕事を通して自分の意見に固執しなくなればなるほど、このふたつを区別することができるようになっていきました。そして、アイデアマンと実行者を分けたほうがうまくいく場合も多かった。双方が「自分を捨てる」ことができているときにかぎりますが、相手にゆだね、任せ合うことで仕事が小さくまとまらず、可能性が広がっていくのです。

議事録をまとめることで「俯瞰《ふかん》の視点」を手に入れる

会議が終わると、その内容を議事録にまとめ、鈴木さんや関係者にメールします。ノートからメールにまとめ直す作業によって、何が重要だったのかが見えてきます。あらためて議論を俯瞰することになるからです。

また、その場の議論でコントロールできなかった目的を、議事録を使って達成することもできる。

「今回の打ち合わせで、こういうことが見えてきたので、皆さんよろしくお願いします」

と、本来持っていくべき方向に議事録を調整して共有するのです。もちろん、うそはつきません。話されたことを正確に記録しているからこそ、主観や雰囲気にとらわれない「正解に近い方向」へと、チームを引っ張ってゆくことができるのです。

いつのまにかぼくは、

「やる気はあるけど、焦ってとんちんかんな若者」

から、
「議事録を正確にまとめて、進むべき方向を示す人」
という評価を獲得していました。自分自身で何かを生み出したわけではありませ
ん。ただその場の話を正確に記録し、整理整頓しただけなのに。

いまでも、この議事録整理と、会議後のメール送信を欠かしません。なるべく会議が終わってすぐに関係者に送ります。たまに、ぼくより早く全員にメールを送る人が現れると、「ぬぬぬ、やるな!」と思います。

この、「議事録を正確にまとめる」という仕事こそ、「自分を捨てる仕事術」の最初の一歩となります。

鈴木さんはこうした、「自分を捨てる」方法を、具体的に教えてくれました。
ぼくはその一つひとつを真似、実践することで、「自分」という枷《かせ》から解き放たれ、人生と仕事を楽しむことができるようになりました。

ですが、すぐに効果が表れたわけではありません。鈴木さんの教えの重要さに気づいたのは、最近のことなのです。

「自分を捨てる仕事術」の実践編は第2章で詳しく紹介するとして、次項では、ぼくがなぜ、鈴木さんの教えの重要さに気づいたのかを、書いておきたいと思います。

2

苦しいときほど「自分を捨てる」ことで救われる

自分のなかに、何もないのに、
自分のやり方にこだわるからこそ、苦しいのだ。

自分にこだわると、スランプにはまる

ジブリに入社し、鈴木さんの下についてから7年目、大きなチャンスが訪れました。27歳だったぼくに、アニメーション界の鬼才である押井守監督の、新作のプロデューサーにならないかという打診があったのです。自分の腕を試したいと思っていたぼくはジブリを辞め、新天地を選びました。

しかし、ジブリ退社後の10年間、ぼくにとって苦しい時代が続きました。鈴木さんのもとで、あれほど「自分を捨てる」「人を真似る」「人の力を借りる」訓練をしたのに、独立の自負心から、1から10まで自分でやろうとし、人の意見を聞かず、周囲を自分の考えでコントロールしようとしていた。そのときはまだ鈴木さんの教えの意味を理解していなかったのです。

必死にがんばっているのに、仕事はことごとくうまくいきません。

ある夜、鈴木さんから何を学んだのか、もう一度見直してみようと思い、段ボール箱を開き、鈴木敏夫語録が書かれたノートを読み直しました。そのなかで、これ

まで目にとまらなかった言葉がひときわ光を放って、飛び込んできたのです。

自分のために仕事をしない

「おれも宮さんもさ、昔から、他人のために仕事してきたんだよ。最初に『アニメージュ』をつくったときも、発売1カ月前に、突然やれと言われてつくった。宮さんも、監督になんてなりたくなかった。一生アニメーターで終わっていいと思ってたんだ。でも、高畑さんの下でずっとアニメーターをやっているうちに、いつのまにか監督になっちゃった。宮さんもおれも、自分からいまの仕事につこうと思ったわけじゃない」

ぼくにとって、この言葉はとても大きなものでした。

鈴木さんも宮崎さんも、自分のためにではなく、まわりのために、そして最終的には、作品を見てくれるお客さんのために映画と向き合っている。

それに対してぼくは、「自分のやりたい企画」「自分がいいと思うアイデア」に固執していた。

いつのまにか「責任感」と「自己肯定」をはき違え、自分のことばかり考えて仕事をしていたことに気づきました。

そこでぼくは、自分発の企画ではなく、自分のことを必要としてくれている人からもたらされた企画を片っ端から受けることにしました。

結果は劇的でした。

人からは、「あいつに頼めばなんとかしてくれる」と信頼してもらえるし、自分の心も健全です。さらに得られたのは、人のふんどしを借りた仕事のほうが、自分をちゃんと出すことができる、という真実でした。

よく鈴木さんは、

「自分のことばかり考えている人が、鬱になるんだよ」

と言っていました。

自分のモチベーションとか、成功とか、自己実現とか、そういうものにこだわりすぎる人は、どんどん心が狭くなる、というのです。

身近な友人を真似してみた

もうひとり、「自分にこだわる泥沼」から、さらっと引っ張り出してくれたのが、友人の音楽家・菅野祐悟《かんのゆうご》でした。

『踊る大捜査線』『SP』『軍師官兵衛』『花咲舞が黙ってない』など、大ヒット作品の音楽を生み出す音楽家のひとりです。

はじめて会ったのは、東京・神楽坂のインドカレー屋だったと思います。

当時のぼくは、どん底でした。数年かけてつくった映画が興行的にふるわず、少しでも出資者にお返ししようと躍起になり、疲弊していました。

颯爽と現れた菅野さんは、音楽家らしく全身黒の出で立ちで、成功者のオーラをまとっていました。

初対面ですから、おたがいの経歴や、仕事の内容を話すことになります。ぼくは映画を成功させられなかった無能なプロデューサー。彼は、関わる映画がことごとく大ヒットしている天才音楽家です。輝かしいばかりの成功を収めてきた彼がまぶしく、その日はますます落ち込んで帰宅したことを覚えています。

奇しくも彼は同い年で、それもコンプレックスを増幅させる要因でした。ぼくは、次の企画が決まるかもわからない。やることなすこと空回り。次から次へとヒット作の音楽を送り出す彼を前に、自分の能力の限界を、まざまざと見せつけられた思いでした。

その後彼は、ことあるごとに「飲みに行きましょう」と、忙しいなか誘ってくれました。あとでわかったことですが、彼も仕事で大きな苦境に立たされていて、腹を割って話せる友人がほしかったのだそうです。

ある日菅野さんが、こう言いました。

「石井さん、音楽家って、映画とかドラマのヒットに直接関係があると思います?」

菅野さんはいわゆる「劇伴音楽家」と呼ばれるジャンルの作家です。編集された映画に音楽をつけ、キャラクターの心情や情景を音楽で表現しつつ、観客の感情をゆさぶる。彼は間違いなく、その道の天才です。

映画の興行的成功は、企画やシナリオ、キャストやそのときの世の中に左右されます。彼は「音楽がよかったからといって映画が成功するとはかぎらない。でも、力の入った映画には結果を出してきた音楽家がキャスティングされるわけだから、まずは選ばれなければならない」と言いました。その作品のスタッフになって、はじめてチャンスが得られる。

「ぼくは、年間300曲以上つくっています。依頼された仕事は極力断りません。でもそのなかで、ヒットする作品はわずかです。『今回は自分の満足のいく曲ができた』と思った作品でも、数字がついてこないことは多い。でも、たくさんやっていると、何回かに1回はヒット作に巡り合うんです」

なるほど。「数打ちゃ当たる」と言ってはそれまでですが、たくさん仕事をすることで確率が上がる、という冷静な分析には説得力がありました。

「でも、ヒットした作品がぼくの代表作ってことになっちゃう。そのとき、満足のいかない仕事をしていると、後々ものすごく後悔するんです。だから、どんな仕事も断らないだけではなく、一生懸命やる」

「石井さんは間違ってない。やり方も変える必要はない。ただ、これから2年間、5本企画を動かしてください。5本もやっていると、そのうち1本や2本はうまくいくことがあります。そうしたら必ず結果はついてきますよ」

彼は、具体的なプロデューサーの名前を何人もあげ（ぼくはほかのプロデューサーの仕事を知る機会は少ない。でも菅野さんは音楽家ですから何十人というプロデューサーと付き合っているのです）、ヒットメーカーと呼ばれている人ほど、作品数も多い、ということを教えてくれました。

ぼくの「真似」ボタンにスイッチが入りました。

「仕事の絶対量と取引先を増やしてみよう」

前述した「人のために仕事をする」という鈴木語録にもう一度立ち返った時期とも重なり、早速、１本の作品に集中する姿勢を変え、一気に企画を増やしました。それまで断っていたり、時間がないから難しいと思っていた作品も、積極的に受けることにしたのです。

次第に、数字や評価がよい形で返ってくるようになりました。

現在制作中の作品は８本。企画段階のものを含めると12本を超えます。海外メジャー資本のプロジェクトもあり、米国アカデミー賞を狙っている作品もあり、テレビで高い視聴率を記録し、長いシリーズになった作品もあります。

何より嬉しいのは、宮崎駿監督の新作短編を、お手伝いする機会を鈴木さんからいただけたことです。

菅野さんとの出会いは、最初は自分のコンプレックスをふくらませる、とてもネガティブな出会いのように思いました。

でも自分が持っていないものを持っている人が、いったいどのように仕事をしているのかを「自分を捨てて真似」することにより、結果は劇的な形で返ってきたのです。

それ以来どんなに忙しくても、仕事相手に対して、

「ちょっといまは、忙しいです」

「時間がありません」

というような態度や発言は絶対にしません。いい誘いや仕事をブロックしてしま

うからです。

「楽しみです！」

「やってみたいです。やらせてください！」

がぼくの口癖になりました。

こうすると、おもしろい仕事がどんどん入ってきますし、スケジュールが詰まっていたとしても、「やります」と答えた瞬間から、「実現するために何をすればいいか」を考える思考になります。その結果、時間がなくてもお金がなくても、人の手を借りながら、完成度の高い作品を仕上げることができるのです。

3

「教わる素質」とは何か

柔軟に他者を取り入れるための、考え方。

利己的に真似せよ

自分を捨て、他人の真似をすることを「プライドを捨てる」と感じる人も多いと思います。だれしも自我というものがあります。自分を捨ててまで他者を真似する必要があるのだろうか。そう疑問を持つ人もいるでしょう。

真似する対象が、自分がコンプレックスを感じている相手だったり、到底追いつけないほどの場所にいる人だったりするときはなおさら、

「自分はあの人とは違う」

という思考を抱きがちです。

「あんなことしたくない」

と拒否感や違和感があって当然かもしれません。

ましてや、ある程度年齢を重ねてくると、自分の積み上げてきた実績もある。自分を捨てることとは、それまでの自分を否定し、裏切るような感情を抱くことにもなります。ぼく自身がそうでした。

でも、小さなプライドのために心を閉ざし、自分にしがみつきそうになっているとき、自分にこう問うようにしています。

「そのプライドを守って、自分が停滞している時間に、相手はどれくらい先を走ることになるのだろうか？」

「いまの自分のやり方の先に、劇的に状況を変える可能性が、どれくらい残されているのか？」

自分と向き合っていても、よく知っている自分がそこにいるだけです。

だからぼくは、こう考えるようにしています。

「テクニックを盗むことによって、相手が長年積み上げてきた経験と同等のスタートラインから歩き始めることができる。こんな近道はほかにない」

「真似するのではない、盗むのだ。盗んで手に入れたものを使って、自分のために、相手を利用してやるんだ」

ずるいやり方のように聞こえるかもしれません。
しかし、古今東西、職人の世界では繰り返し、こう言われてきました。

「教えてもらおうと思うな。見て盗め」

「学ぶ」の語源が「真似《まね》ぶ」であることは、よく知られています。
教えてもらえることを待っているより、効率的に盗む方法を若い人が覚えたほうが、上司も自らの仕事に集中できますし、盗んでもらうからにはしっかりとがんばらなければなりません。背中で語る、というヤツです。
「教えるんだから、覚えろ」

「教えてもらっていないから、わからない」

では何も進みません。

「おれは一生懸命仕事するから盗め」

「盗むから、もっと仕事を見せてくれ」

という関係のほうがずっと健全だと思います。

ここまで「自分を捨てよ」と、簡単に書いてきましたが……もともとぼくは自我も自己主張も人一倍強い人間でした（いまでも本質は変わりません）。

すぐに、「おれはこう思う」という自我が顔を出します。そうなったら危険信号。深呼吸して「自分のために他人の真似をするんだ」と自分に対して言ってやります。

「利己的に真似せよ」という考えは、ムクムクと自我が顔を出したときに、心を外に向けて開いていくための、お守りのようなものなのです。

「空気を読まない」という特性

鈴木さんが積極的に仕事を教える人には、共通した特徴があります。

- 鈴木さんの言うことに平気で噛みつく
- 打てば響く
- 負けず嫌い
- 常識がない
- 何を言われても、「すみませんでした！ もっとやらせてください！」と食いついていく
- 鈴木さんしか見ていない。だから、ほかの人に何を言われようと関係ない

これらの特徴に共通することはなんでしょうか。

決して、集団や組織のなかで上手にやっていけるタイプではない。

裏表がなく、正直で素直なのです。

相手が偉い人であろうが、自分の意見を臆さず言う。日本社会においては、こういう人は敬遠されがちです。耳に痛いことをズバリ言われると傷つきますし、空気を読むことを重んじる日本人のなかで、孤立しがちな人たちです。

ですが、こうした「空気の読めない人」ほど重要です。

先にあげた菅野祐悟さんは、身近なところに、必ず「空気の読めない正直な人」を置くことにしているそうです。彼ほどの立場になると、どんな曲をつくっても、たいていみんながほめてくれる。でも、空気を読まない人は、

「なんか、いまいちですね、今回」

「ドラマの雰囲気に合ってないですね」

など、いいか悪いかをハッキリ言ってくれる。

「ちょっと問題児ではあるけれど、いつもいい意見を言ってくれる」というのです。

もしも、「人に教えてもらえる素質」というものがあるとしたら、それは、「空気を読まないが素直である」という特性を持っている人ではないでしょうか。

優秀な人ほどイエスマンではなく、率直で正直な人を重用します。

素直にまっすぐに教えを乞い、自分の尊敬する人の意見や行動を真似できる人は、相手に対してもまっすぐにお返しをしている。教える側、真似をする側でギブアンドテイクが成立しているのです。

鈴木さんは、自分の身近に、自分よりずっと若かったり、価値観の異なる人を常に置いています。10年前はぼくのような団塊ジュニア世代が何人も鈴木さんのまわりで働いていましたし、いまは30歳前後のアシスタントや、かわいがっている外部スタッフが何人もいます。最近は、タイに暮らす若者とも交流を重ねているとか。

自分とは世代もタイプも違い、素直で率直な意見を言ってくれる人をそばに置くことで、若い人の意見を積極的に取り入れ、時代の波を乗り越えようとしているのだと思います。

素直さこそ才能

　ぼくもいま、現場のプロデューサーに、20代、30代の元気のいい若い世代を配置しています。新しい価値観を持ち、デジタルネイティブで、最新の情報に触れている彼らとの仕事を通して、刺激を受けることがとても多い。

　やっぱりそこで思うのは、いくら叱っても食らいついてきて、素直で裏表がない若者は、教えがいがあるし、何よりかわいいということです。プライドが高くて頭のいい若者は、自分の価値観の殻に閉じこもってなかなか出てきません。

　教わるにも、学ぶにも、真似するにも才能がいる。

　才能とは、常に素直でいることです。

　さしたる能力のないぼくに与えられた才能があるとしたら、それは、人一倍素直である、ということだったのだと思います。

「自分を捨てる」というとネガティブに聞こえますが、「常に素直でいる」「外に対して心を開いている」と言い換えればよいのかもしれません。

4

真似たい人には食らいつけ

一流の人に近づくことでしか見ることができないものがある。

しつこく、あきらめずに近づく

鈴木さんとの出会いは、１９９８年の夏の終わり。スタジオジブリの最終面接でした。

当時ジブリは、高畑勲監督の『ホーホケキョ となりの山田くん』の制作中で、制作進行という、作品のスケジュール管理や進行を担うスタッフを募集していました。ぼくは、一度ジブリに落ちています。『もののけ姫』の公開後、宮崎さんが開いた演出塾に応募するも落選。通知の手紙が届いたときのショックは忘れられません。どうしてもあきらめきれず、ジブリの公式サイトを毎日訪れ、中途採用の募集を発見したのです。

それまでぼくは、実写のミュージックＰＶの助監督をしながら、世界中を旅していました。いわゆる、バックパッカーというヤツです。履歴書と、「最近観た映画について」という作文（イラン映画の『白い風船』だったと思います）を送り、制作部長、面接官との面談を経て、鈴木さんとの最終面接に至りました。

鈴木さんのことは、『もののけ姫』の公開後に発売された『「もののけ姫」はこうして生まれた。』というドキュメンタリーで知っていました。いま業界で活躍する同世代のクリエイターやプロデューサーで、このドキュメンタリーの影響を受けなかったという人はいないでしょう。

天才・宮崎駿が物語を生み出すまでの思考過程と、現場での切った張ったはもちろん刺激的でしたが、最終章「記録を超えた日」の多くは、公開前後の鈴木さんに密着しており、プロデューサーという仕事の内実を知ることのできる貴重な内容でした。

いまはなくなってしまいましたが、当時、3階建てのスタジオの2階、制作部の奥に「金魚鉢」といわれるガラス張りの小会議室がありました。ぼくは金魚鉢で、スタジオジブリのトップを待ちました。

階段をドタバタと上がってくる音が聞こえ、『「もののけ姫」はこうして生まれた。』で何度も観た「あの鈴木プロデューサー」が入ってきました。

「あ、君かぁ」

心臓が高鳴るのを抑えながら、起立して頭を下げ、名を名乗りました。

「はいはい。まあ座って」

履歴書を一瞥すると、鈴木さんは左右の眉を大きく動かし、

「何？　君は海外長かったの？」

と、タバコをトントンと叩きながら言いました。高いとも低いとも、美声とも、どら声とも言える、声帯がひときわ振動する声が部屋に反響しました。実写現場でのわずかな実績しかなかったぼくにとって、２年間の海外放浪は、数少ない「売り」でした。ぼくは待ってましたとばかりに、海外での経験を話し始めました。

「じゃあさ、君は、アフリカのいまがどうなってるかどれだけ知ってるの?」

貧乏ゆすりをしながらタバコをふかしていた鈴木さんはピシャリと言いました。

若かったぼくは、一瞬で頭に血が上りました。

アフリカには何度か訪れており、現地の状況などをそれなりに知っているつもりになっていたぼくは、彼の地の政治状況や紛争の傷跡について話し始めましたが、鈴木さんは、

「違う。君の見方は浅い!」

と一刀両断。その有無を言わせない圧倒的なエネルギーを前に負けん気に火がつき、後半は口論に近い状態になりました。机をバン! と叩く、鈴木さんに一度でも怒られたことのある人ならば経験したことがあるだろう恫喝《どうかつ》を、はじめて目の当たりにしたのもこのときでした。

怒鳴り合いになったにもかかわらず、鈴木さんがあっけらかんと「はい、じゃあ

がんばってね〜」と言い残して去っていった後ろ姿だけが、脳裏に残っています。その後くされのなさが、最高にかっこよかったことも。

「コーヒーをどうぞ」

後日、「採用となりました」という連絡があり、ぼくは、夢にまで見たスタジオジブリに入社することになります。高畑勲監督の『ホーホケキョ となりの山田くん』の制作部に配属されました。

制作進行としてアニメーションの現場に入ったのですが、入社早々制作部で問題視されました。

企画から完成まで2〜3年の月日を要するアニメーション現場。その進行管理を担う制作進行というポジションは、実写の現場とはまったく違う、「待ち」の仕事でした。ぼくは席で待つ時間に耐えられず、アニメーターの家に上がって話し込んだり、昼休みの時間を大幅にオーバーして本屋で立ち読みをしていたりして、「制作には向かない」と、クビを宣告されかけていました。

鈴木さんとは面接のとき以来、ゆっくり話す機会はありませんでした。入社して2カ月が経った1998年の大晦日、制作部で年内最後のカットを待っていると、鈴木さんが入ってきて、猛然と席の掃除を始めました。

鈴木さんは掃除を終えると、小金井公園の近くにあるハンバーグレストランに連れて行ってくれました。緊張して、どんな話をしたのか忘れてしまいましたが、鈴木さんは、

「いろいろあるなぁ！」

と店内に響き渡るような声で叫んだかと思うと、社用車だった紺色のフォルクスワーゲンゴルフに乗り込み、都心での打ち合わせへと向かってゆきました。

やっぱり鈴木さんはかっこいいなあ……。

一歩でも二歩でも、鈴木さんに近づきたかったぼくは、夕方、いつもコーヒーを出すスタッフが帰宅したあと、理由をつけて深夜まで残り、鈴木さんの部屋へコーヒーを持っていくことにしました。

鈴木さんのもとには毎晩多くの関係者が集い、ポスターや新聞広告案を囲みながら、深夜まで熱い議論を繰り広げていました。予算や制作スケジュール管理、宣伝戦略の立案や予告編、新聞広告のアイデア出しまで、あらゆることが話し合われています。

「コーヒーをどうぞ」を口実に、深夜の会議室に何度も入り込み、打ち合わせから聞こえる声を聞いて、「プロデューサーとは、ここまで多岐にわたって映画に目を配るものなのか」と仰天しました。

制作進行失格の烙印《らくいん》を押されかけていたにもかかわらず、ぼくは「鈴木さんの下で働きたい」と言い続けました。なぜか、それがかなうと信じていたのです。

ビービーブザーに呼ばれる日々

運命の日がやってきました。

『ホーホケキョ　となりの山田くん』の制作が大きな山を越えた、1999年5月下旬のことです。鈴木さんに呼ばれ、「君、今日からおれの下でいろいろ手伝ってもらうから。よろしく」と言われたのです。

皮膚が泡立ち、髪の毛が逆立つのを感じました。

口いっぱいに、強烈な、甘い果汁のようなものが広がりました。

ついに鈴木プロデューサーの下で働ける。

それから、24時間体制で、鈴木さんの仕事をサポートする日々が始まりました。

朝から深夜まで、鈴木さんの打ち合わせにはすべて同席し、スケジュール管理や議事録の整理、そして膨大な数の連絡調整役をこなします。

当時、あまりに呼ばれる回数が多いので、専用の呼び出しボタンが設置されました。鈴木さんの部屋のボタンが押されるとぼくの机のブザーが鳴ってすっ飛んでゆく……という仕組み。ブザーは一日中「ビービービービー」鳴り続けます。

「あんまりだ」という周囲の声もありましたが、実は嬉しかった。

やりたいことは言葉にし、言い続ける

よく、「言葉にすると実現する」と言います。それは真実だと思います。思っているだけでは何も始まりません。言葉にすることによって願望が具体化しますし、ぼくのまわりでも、何かとんでもないことを実現してしまう人は、目標や、やりたいことを常に口にしています。

当時のぼくは本当に素直に、「鈴木さんの下で働きたい」と言っていた。そこに打算や出世欲はかけらもありませんでした。それはいまも同じです。「やりたいです！」と言い続けていると、まわりが「じゃあ、やってみてよ」とチャンスをくれるのです。言ったからには、がんばらなければなりません。そういう覚悟も含め

て、口に出すということはとても重要です。

自分が少し上の立場になると、「若い人こそ、やりたいことをハッキリと口にしたほうがいい」という思いが強まりました。

若い人が、「やりたいです」と言ってくれると、いろんな経験をしてきた身としては、嬉しいのです。「じゃあ、やってみな」という気持ちになる。

人生で、人に魅せられ、人に感動し、師と仰げる人物との出会いはそうはありません。そんな人に出会ったら、恥も外聞も捨てて食らいつけばいいと思います。一流の人には一流の人しか持ち得ない仕事の技法というのが、絶対にあるからです。

5

だれを真似るか

自分の「不安・不満」に向き合うと、
真似する対象が見えてくる。

真似る人がいない場合はどうすればいいのか

鈴木さんのエピソードを求められて話す機会は少なくありません。
よくこう言われます。

「出会いに恵まれましたね。運がいいですね」

たしかに、鈴木敏夫という超一流のプロデューサーから、直接仕事のコツを仕込んでもらったわけですから、運がいいとしか言いようがありません。

個人的には、よき出会いを獲得すべく努力してきたという自負もありますので、「運がよかった」と言われると、「それを勝ち取るために、いろいろやってきたんだけどな」と思わないこともない。でも、出会いは選べないこともあります。

では、自分が尊敬できる人や、目標としたい人がいない場合、「だれを」「どう真似れば」いいのでしょうか。

ザワザワ状態と向き合ってみる

ぼく自身、定期的に「自分はこれから、どうすべきか」という壁にぶち当たります。

そんなときは、自分の胸の真ん中あたりにふくらむ、ムカムカした吐き気や不安のようなものに向き合います。

丸一日考えていると、気が滅入るので、30分と時間を決めて集中します。だいたいは布団のなかで、脂汗が出るくらい、自分のなかの不安や不満と向き合います。その「不安・不満」のなかに、自分が学ぶべき、真似すべき相手が隠れているからです。

たとえば、現状に満足していないとします。ぼくの場合であれば、企画がうまく決まらない、一生懸命作品をつくっても、興行的にうまくいかない、といったところです。

心はいまの自分を正当化しようとします。

「ぼくがつくっているものは、大衆に迎合したレベルの低いものではないのだ」
「ヒットばかりを追い求めていても、歴史に残る傑作は生み出せない」

でも、心はちっとも落ち着きません。単なる現状肯定の言いわけにすぎないからです。

ぼくはこうした状態を「ザワザワ状態」と呼んでいます。このときがチャンスです。「自分が何を欲しているか」が隠れているからです。

ザワザワ状態の大もとがわかったら、次に、それを実際に実現している人、すでに獲得している人を探します。

企画が決まらないのなら、企画を決められる人。

ヒットがほしいなら、ヒットを飛ばしている人を探す。

その人が「自分を捨てて真似すべき相手」なのです。尊敬する人や、憧れる人を探すよりも、ずっと早い。業界である程度経験を積んでいれば、自分がほしいものを持っている人に近づくことは、それほど難しいことではないはずですし、社内や身近なところにひとりはいるのではないでしょうか。

劣等感を刺激する人に近づく

ある「ザワザワ状態」のときに、ぼくが真似する相手に決めたのは、川村元気という人物でした。東宝という映画会社のプロデューサーとして、数々のヒット作を生み出し、作家としてもベストセラーを連発している彼は、ぼくにとって、劣等感の対象でした。

以前から面識はありましたが、一緒に仕事をしたことはありません。でも気になる存在でした。

彼を心のなかから遠ざけよう、遠ざけようとすればするほど、小さな自我に凝り固まってゆく気がする。

そこでぼくは、コンプレックスの対象であった彼に近づき、企画を始めることにしたのです。

最初に、脚本会議を共にして直感しました。やり方に、確固とした方法論がある。彼のやることすべてをメモに取り、分類化することから始めました。

川村さんが興味を持っている本や映画はすべて読んだし観ました。考え方や、会議の進め方まで徹底的に研究し、真似してみました。

半年も経つと、これまでまったく自分のなかになかった、未知の自分がムクムクと存在感を増してゆくのを感じました。

その「未知の自分」とは、彼を真似して得られた「新しい自分」だけではありません。むしろ、彼のような才能が自分にはないということもわかってくるのです。自分にできることとできないことがハッキリと見えてくる。その瞬間、自分に絶望するか、それとも希望を抱けるかが、「自分を捨てる仕事術」最大の分岐点です。

ぼくは後者に胸をふくらませました。

「彼のようにはできないけれど、仕組みはわかった。この仕組みを利用して、自分の得意技をどんどん伸ばせる気がするぞ」

自分を捨てて真似することを通して、コンプレックスが別なものに転化し、自分の血肉になったのです。

いまや、あれほどコンプレックスの対象だった川村元気という人物とは、優れた部分も欠点もおたがい知り合い、何か事を始めるときは真っ先に相談し合う仲になりました。

嫉妬やコンプレックスをエネルギーに変える

ぼくは、自分に足りないと思っているものを「うらやましい」と思う人間です。うらやむだけならまだいいのですが、ねたんだり、その人を批判する気持ちがふくらんでしまう。それがとてもいやだったし、一時期は人を批判することで自分の気持ちにうそをついているときもありました。でも、そういう「負」のエネルギーはとても強く、自分と周囲を傷つけます。

ねたむくらいなら、その人を真似て、少しでもその技術をコピーしようとすればいい。

さらにこの方法の「お得」な点は、相手を真似ようとすると、その人がどのように努力をしているかを知ることになり、結果、「ああ、この人ははじめから天才なのではなく、考え、悩み、努力しているのだ」ということもわかってくることです。

「あれ？　思っていたよりもたいしたことないな。これだったら自分のほうがうまくできるかも」と思えることもかなりあるのです。

プライドが傷つくことを恐れ、相手を遠ざければ遠ざけるほど、自分のなかで相手の存在は大きくなり、コンプレックスは増大します。

自分が苦手な人、嫌いな人、自分のなかに不安をふくらませる人。でも、何か自分が持っていないものを持っている人。身近な人でいいのです。

そういう存在を真似してみることを、強くオススメしたいと思います。

6

型から入る

思考は真似できない。
行動の真似から始めてみる。

一度空っぽにして、人の中身を入れてみる

だれかを真似したいと考えたとき、「型」から入ることをオススメします。

つまり、「考え方」や「思考」を真似しようとしないことです。

たとえば、思想書やビジネス書を読んで、新たな考え方や思考法を学んだとします。読んだ瞬間は、「なるほど！　そういう考え方があるのか」「人生が変わるかもしれない」と思います。でも、そういう気持ちが持続するのは、読後30分くらいではないでしょうか。

人間の心や思考のクセはそう簡単に変わりません。脳の動きは、ビジネス書や思想書を読んだだけで一変するようにはできていません。

「型」とは、行動、服装、持ち物、話し方などのことです。

スポーツにたとえるとわかりやすいかもしれません。野球の素振りも、柔道の反復練習も、まずは「型」を身体に染み込ませることから始まります。

先日、新しいプロジェクトが始まりました。

ぼくは、新しい仕事が始まると必ず、メンバーのなかに真似したい相手を見つけ、コピーするようにしています。

そのプロジェクトには、底抜けに明るいプロデューサーが参加していました。ぼくもたいがい明るく現場を盛り上げるほうなのですが、とにかくその方のエネルギーはすごい。いつも美味しいお菓子を買ってきて、一人ひとりのスタッフに配り、テンション高く盛り上げる。

「すごいなぁ、自分よりはるかに現場を盛り上げられる人がいる。よし、今回はこの人を真似してみよう」

早速、別の現場で、その人と同じことをしてみました。お菓子を買ってきて、スタッフに配り、いつもよりも大きな声で（ふだんからじゅうぶん大きいのですが）、みんなを盛り上げてみました。行動をそっくりそのままコピーしたのです。

ですが、やってみるとこれが、けっこうしんどい。いつも最高潮のテンションで振る舞うことはぼくにはできないし、毎回、マックスの状態でスタッフと向き合うと、肝心なときに彼らに強く意見ができません。

この振る舞いは、そのプロデューサーが長年身につけてきた特技であると同時に、内面を隠すための鎧《よろい》のようなものなのではないか。

その瞬間、ぼくは思いました。

「このやり方が自分と合わないから苦しいのかな。いや、そうではなく、あの人もけっこうがんばって、多少無理をして、やっているのでは」

後日、相手を心からリスペクトしていることを伝えつつ、「真似してみたらけっこう大変でした」と言うと、そのプロデューサーは、

「自分もふだんから、ずっとそういうテンションなわけではないし、悩みもあるんですよ」と本音を漏らしてくれました。

相手を自分のなかに取り込む前のぼくには気づかなかったことです。

自分のままで相手に対するよりも、自分を捨てていったん相手になりきってみて、はじめて理解できることのほうが真実だったのです。

とにかく1回、何も考えずに、自分がいいなと思った人、コンプレックスを抱いた人、負けた、と思った人の「型」を真似してみる。

自分を空っぽにして、身体のなかに取り入れてみる。

そのあとで、自分にとって有益なことは自然に残っていくし、違和感があったり、なじまなかったことは捨てればいい。

いちばんよくないのは、「あの人は自分とは違う」と決めつけ、いつまでも心のなかに、劣等感やマイナスな感情を抱き続け、その場にいとどまってしまうことです。

真似とは「上書き」ではない

『北斗の拳』という伝説的な少年漫画があります。

時は世紀末。北斗神拳という一子相伝の奥義を受け継いだ主人公のケンシロウが、自分より強い敵を倒し、人々を救ってゆく物語です。

この漫画にはひとつおもしろい設定があって、ケンシロウは、闘った相手の力を、自分のなかに「強敵（友）」として取り込むことができるのです。

ぼくがいう「真似」とはこのイメージに近い。

仕事とは、強い「敵（いわゆる商売がたきではなく、ライバルと呼べる友のことです）」を乗り越え、自分のなかに、その相手の力を取り込んでゆく旅である。

「自分を捨てる仕事術」は、それまでの自分を消し、真似た相手を「上書き」する仕事術ではありません。自らの力をより強固にし、自分にない能力がどんどん自分のなかに増えてゆく、究極の「奥義」なのです。

身体は「殻」であるというイメージ

「身体《からだ》」や「殻《から》」は、「空《から》」という言葉に結びつくと古来言われてきました。

ふだん、我々の「身体＝殻」には、みっしりと「自我」というものが詰まっています。心と身体のバランスが保たれているときはいいのですが、それが崩れるとき、人は猛烈な不安や鬱状態に陥ります。自分という「殻」のなかにある「自我」を肯定できなくなっているような気がします。「自分探し」というのは、いまここにたしかに「自分」がいるのに、その自分を肯定できないがゆえに、「ここではないどこか」を求める心理状態です。

そんなときこそ、自分という「身体＝殻」のなかを「空《から》」にして、他者を取り込んでみる。

仏教で言う「空《くう》」や、禅における「無」というのが、この状態を指すのかもしれません。

「自分を捨てて、他者を真似」、新しく取り込んだ「中身」は、これまで生きてきた自分とは別なものなので、すべてがピッタリはまることはありません。

鈴木さんに対しても、菅野さんに対しても、川村さんに対しても、ぼくは同じアプローチを試みました。

いったん、自分を空にして真似してみる。

そのなかで、自分のなかに残るものだけを、「必要なもの」だと判断し、なじまなかったものはきっぱりと捨てる。

その結果、自分が本来持っている「核」を自覚し、新たな一歩を踏み出すことができました。

自分の「核」とは何か

人は、生まれ持った身体という「殻」と、幼少期に、両親や家族といった、小さな世界のなかで培われた「核」を元に、この世界で生き始めます。

ここでぼくの「核」となるものについてお話しさせてもらいます。

ぼくは、東京都江戸川区に生まれました。

父は大学の教授でしたが、幼いころから「大学には行くな。いまの時代、大学はただの猶予期間にすぎない。世界という学校で学べ」と言われていました。

高校生のぼくには、「研究費」というものが与えられ、本や映画を吸収するために使ってよいお金とされていました。

高校卒業後、貯めていた「研究費」を使って、旅に出ました。北米から入り、中米、南米、アフリカ、中東、インド、中国、東南アジアを陸続きで2年かけて世界一周しました。大学に行かないかわりに、18歳で世界をまわるという貴重な経験をさせてもらったのです。

父は地位や名誉にまったくこだわらない人間でした。父から功名心のようなものを感じたことは一度もありません。定年後、一流と言われている高校の校長の座に推されていたのを、きっぱりと断っていたことも印象的でした。

専業主婦の母は、厳しい父を支える優しい人。とにかく人を幸せにするのが大好きで、どんな場所でもすぐに親しい友だちをつくってしまう人です。

先日、30年ぶりくらいに会った地元の同級生に、「悩んでいるとき、街で石ちゃん（ぼくのあだ名です）のお母さんに声をかけられて、話しているうちに元気になった。あのときから人生が上向きになったんだよ」と言われ、ビックリしました。

ぼくの「核」は、ここ――両親にあるような気がするのです。

母からもらった、だれとでも友だちになるというオープンな性格を土台に、父が教えてくれた言葉や映像と向き合うおもしろさを仕事にしています。

しかし、成長とともに、この「核」を見失います。高度に情報化され、複雑化した物質的に豊かなこの世界では、「殻」に、いろいろなものが入り込むからです。「自分とは何か」という自分探しの旅に出て獲得する「エゴ」は、「核」を覆い隠すよけいなもののような気がします。

ぼくは、父と母にもらった「核」を、鈴木敏夫さんという本質を見抜く名手に見つけ出してもらい、よけいなエゴというものを徹底的に叩きつぶしてもらいました。

「3年間、自分を捨てて真似をして、どうしても真似できなかったところが、君の個性だから」

「はじめに」でご紹介した鈴木さんの言葉です。「どうしても真似できなかったところ」が、「核」の部分なのでしょう。いま振り返ると、自分を捨て、他者を真似するからこそ、自分というものの「核」を認識できるということを、鈴木さんは教えてくれようとしたのだと思います。

「人生の目的はなんですか？」とよく聞かれます。

ぼくの人生の目標は、

「ひとりでも多くの優れた才能と出会い、その魅力的な仕事術を真似して自分に取り込み、『おもしろかった！』と叫んで死ぬこと」

です。

願わくば、ぼくが鈴木さんをはじめ先達から受け継いだものが、若い世代の血肉となって次の時代に受け継がれることがあれば、これに勝る喜びはありません。

抽象的なことを連ねてしまいましたが、「自分を捨てる」手がかりは、まず「形から入り」、「型」を真似してみることです。

真似したあと、そこに「真似」という言葉が持つある種の卑しさは一切なく、ただ対象への尊敬の念だけが、静かに身体という「殻」のなかに残っていくはずです。

7

能動より受動

自分がやりたいことより、
他者に求められることを選んでみる。

世の中には2種類の人間がいる

鈴木さんは、ぼくとまったく正反対の性質を持つ人です。

メディアを通して知られる情熱的な語り口とは違い、ふだんは決して熱くなりません。出会った当初は、それがとても不思議でした。ジブリをここまで大きくしたプロデューサーが、なんだかとても冷めている。

鈴木さんが、「いつかこんなことをしたい」「こういうことが人生の夢だ」などと、夢や希望について語っているところを、見たことがありません。

以前、ドキュメンタリー番組「情熱大陸」が鈴木さんを追いかけることになったとき、思わずこう言いました。「鈴木さんに『情熱』という言葉は似合わない。『非情熱大陸』というタイトルにしたほうがいいのではないか」。鈴木さんは「それはいい！」と笑っていましたが、本心から出た言葉だったのです。

鈴木さんはよく、世の中には2種類の人間がいる、と言っていました。

一方は、人生に夢と目標を持ち、そこへ向かって突き進もうとするタイプ。もう一方は、特に目標は持たないが、目の前のことは一つひとつやる、というタイプです。鈴木さんは、自分は後者であると常々言っていました。

ぼくはどちらかというと、前者です。子どものころから、いつもなんらかの目標がありましたし、夢を持って突き進むことが何よりも大事だと考えてきた。世代や教育の影響もあると思いますが、ぼくのきょうだい全員が同じタイプというわけではないので、生まれ持ったものも大きいのだと思います。

学生時代も、アルバイト時代も、そうした「前向きさ」を評価され、それが自分の美点だと思っていました。ですが、鈴木さんにはまず、そこを叩き直されたのです。

言われたから動く、頼まれたからやる

鈴木さんはとにかく腰が重い。周囲が「鈴木さんそろそろ……」と言い出してか

ら動きだします。ただ、動きだしてからの思考や仕事は、緻密かつ迅速です。

鈴木さんだけではなく、高畑さんも押井さんも「頼まれたからやる」「そういう状況になったから動く」タイプです。意外ですが、クリエイターには「必要とされたからやっている」と公言してはばからない人が多い。でもそういう人のほうが、素晴らしい仕事をしているのです。

ジブリヒロインからわかる自分の特性

鈴木さんはよく、ジブリ作品のヒロインを例にとり、世の中には2種類の人間がいる、ということを説明していました。『耳をすませば』の月島雫《つきしましずく》と『魔女の宅急便』のキキです。ふたりとも同じ思春期の女の子です。

雫かキキ、どちらが好きかで、その人のタイプ、人生における価値観が決まる、という質問なのですが、答えはこんな感じです。

将来に夢を持って突き進むタイプが「雫型」。

夢や希望よりも、自分に与えられた仕事を一つひとつこなすのが「キキ型」。

鈴木さんの横で、何度お客さん（特に若い人たち）に、この質問を投げかけるところを聞いたかわかりません。

鈴木さんが何か問いかけをする場合は、必ず目的があります。この問いの目的は、夢や希望を持つことよりも、大切なことがあるということを伝えるためなのです。

雫を選んだ人には、ちょっと耳の痛い話が返ってきます。

「ぼくはね、キキが好きなんですよ。雫はね、小説家になろうって決意するでしょ。好きな男の子がバイオリン職人を目指しているのを見て影響されちゃってさ。でも、雫に本当にそういう才能があるかわからないでしょ？　雫が書いた小説を爺さん（西老人というキャラクター）が読んでさ、『君は原石だ』って言うじゃない？　でもあれって無責任だよね、もしかしたら雫はこれから、自分に才能がないと知ってものすごく苦しむかもしれないのに」

そして『魔女の宅急便』のキキに関しては、こう言います。

「それに引き換えキキにとって『魔女』っていうのは、親から受け継いだ血でしょ？　キキは、生まれつき自分が持っている能力を生かすにはどうすればよいか……と考えて、『魔女の宅急便』の開業を決意する。そのなかで、挫折を経験して飛べなくなり、出会いと学びを通して再び飛べるようになる。自分の持ち物を理解して、どう働くかを考え、一歩一歩、その目標に向かって努力する。ぼくはキキの生き方のほうが好きだなぁ」

ぼくは当時、この話題が出るたびに、何か自分の生き方が否定されているかのような居心地の悪さを感じていました。

夢や希望を持つことは決して悪いことではありません。

ですが、それを獲得できるか、また、そこへ向かって一歩一歩努力することができるかは、その人が本来持っているもの（前述した「核」だと思います）に大きく由来する。そのことを認めないかぎり、人は本当の意味で前へ進むことはできないということを、このエピソードは教えてくれます。

鈴木さんの影響で、ぼくはいつしか、あまり先の夢を語らず、とりあえず自分に与えられた仕事を、毎日少しずつでも前進させることに集中するようになりました。そのほうがずっと毎日が充実し、変な悩みを抱くことも少なくなりました。変な悩みとは、

「おれはこんなことをしていていいのか」
「本当にやるべきこと、やりたかったことは、ほかにあるのではないか」

ということ。自分にこだわるがゆえの悩みです。

求められたとおり、やってみる

他人が求めていない「自分がやりたい仕事」にこだわっても、成功する可能性は

かぎりなく低い。経験上そう思います。
この本も、編集者の方にお声がけをいただき、

「必要とされているならやってみよう」

と思って書き始めました。構成も、アプローチも、ぼくが考えたものではなく、編集の方にお任せしています。
それはぼくがクリエイターと向き合うなかで、オリジナリティーや自分に固執する作り手はおもしろいものをつくらない。プロデューサーや関係者の意見をくみ取り、貪欲に外からのアイデアを取り込む、一見自分がないように見える作り手のほうが、ずっといい作品をつくっている、という真実を目の当たりにしてきたからです（御用聞きのようにものづくりをする人は論外ですが）。

「求められたとおり、やってみる」

これが、「自分を捨てる仕事術」の基本の考え方なのです。

「自分を捨てる」ために、毎日己《おのれ》に言い聞かせること

20代、若かったぼくは、鈴木さんに「自分を捨てろ」と言われ続けることによって、多くの人の意見を客観的に取り入れ、物事の多様性を知る術を学びました。ひとりではなく、チームで何かをなすことのおもしろさを知りました。

30代、独り立ちして、再び「自分中心病」を再発したぼくは、改めて自分中心の考え方を捨て、求められる仕事をやってみることによって、多くの仲間を得て、自身の存在の意味と価値を知りました。

ぼくは毎日、自分にこう言い聞かせています。

「自分より優れた人を真似て、相手と自分自身を知ろう」

「自分の意見を主張するよりも、相手の話を聞こう。相手の話のなかから、何が大事かを見出すことに集中しよう」

「何をやりたいか、ではなく、何ができるかを、考えよう」

「自分がやるのではなく、チームのだれに任せるかを具体的に決めよう」

それでも、自分自身にこだわって、「おれはこう思う病」が出てきてしまうときは、とっておきのひと言を自分に言い聞かせます。

「日本でもっともすごい仕事をしている人たちが自分へのこだわりを捨てているのだから、この方法以外の道はない」

――と。

第2章

［実践編］

鈴木敏夫が教えたエゴを手放す仕事のメソッド

1

伝わる文章の書き方

抽象表現を排除することから始める。

前章までは、「自分を捨て」、人を「真似る」方法を徹底的に仕込まれた経験を書いてきました。これはスポーツや武道で言えば、「型」を身につける段階に似ています。

その「型」を意識することができたら、実践です。鈴木さんの教えは、いつも具体的でした。

この章では、鈴木さんのもとを離れたあと、本当に使える「武器」となっている方法論をご紹介します。徹底コピーし、繰り返し反芻《はんすう》し、自分の血肉になったやり方です。

鈴木さんに教わった仕事術のなかで、もっとも重要なもののひとつに、文章術があります。

映画づくりの現場では、企画書・脚本・制作状況報告・宣伝等、膨大な数の文章が生み出されます。

どの文章も、「だれかに何かを伝える」文章であることは共通しています。

伝えるだけでなく、「人の心を動かす」文章でないと、仕事においては意味がありません。

主観を捨てることから始める

何度も繰り返し言われたことが、書きためた「鈴木敏夫語録」に整理されています。

・文章はとにかく具体的に。客観的情景描写につとめること
・情景描写が臨場感のあるものであるほど、読み手はその先や背景を想像し、勝手に理解をしてくれる
・主観や自分の意見は、極力直接書かないようにする
・当たり前のまとめをせず、その文章に「固有」な観察と情景描写を心がける。どうしてもまとめなければならないときは、そのまとめも「固有」の

ものにしなければならない
・いちばんやってはいけないことは、ステロタイプにまとめること

鈴木さんは『天空の城ラピュタ』を例にとって説明してくれました。

「たとえば『夢と冒険の物語』と書かれたらどうだろう。これでは、どんな映画にも当てはまり、読んだ人の頭のなかで、ひとくくりにされてしまう。では、『バズーとシータは、天空に浮かぶ城・ラピュタへ向かった』としたらどうか。こうした固有な情景描写だけで、結果、『夢と冒険の物語』だということは伝わるんだよ」

抽象的な表現を廃し、固有の表現や言葉を積み重ねるだけで、読む人、聞く人のなかに想像をふくらませることができるということを、叩き込まれました。

伝えたいこと＝テーマを決める

まず、文章を書くには、伝えたいこと＝テーマを明確にする必要があります。

「何を言いたいのか」

テーマを明らかにするのです。

ただ、このテーマの獲得と明確化が難しい。

鈴木さんは、テーマの獲得の方法も教えてくれました。

「まず、紙に、自分がいま、漠然とでもいいから、考えていること、言いたいことを箇条書きに書き出す。書き出したら、いったん頭を冷やして、並べた要素を客観的に見直してみる。そのなかで、これとこれはひとくくりにできる、というものをまとめる。いちばん多かったものが、いま自分の言いたいこと＝テーマであり、それに付随する小さなカテゴリーが、テーマを伝えるために必要な諸要素なんだ。それ以外のものは、はずす」

「整理したあと、それらを『起承転結』に並べて書く」

起承転結を意識せよ

「素材を起承転結の箱に分ける。その前に『枕』があるとなおよし」

「枕」によって、読者の興味を喚起し、
「起」によって、伝えたいテーマの根幹を書き、
「承」においてさらにそれを深め、
「転」において一見関係のない別の話題にふり、
「結」においてそのすべてが結びつく。

そんな文章を目指せ、と言われました。

まず、手で書き出す

打ち合わせが終わり、席に着き、焦って書き始めようとするぼくを、鈴木さんはたしなめました。

「すぐに、パソコンに向かって仕事をするな」

パソコンに向かってキーボードを打ち始めると、なんとなく仕事をしている気になってしまう。気がつくと、数時間同じ文章を書いたり消したりして、一日がすぎてしまうからです。

文章を書くときは、まず、ノートを開き、短い文章で、「何を書くか」を並べてみます。

このときのコツは、「仮」でいいので、起承転結の「結」＝結論を先に書いておくことです。でも、それに縛られる必要はありません。

次に、その結論へ向けて、想定される読者にとって、身近と思われる「枕」を考えます。

「枕」を置かずに、いきなり「起」から書き始めると、どうしても文章が大上段になってしまう。「枕」で読み手の頭をほぐしておいて、「起」で本題に入ります。

鈴木さんの文章は、とても簡潔です。文節が短く、一つひとつの言葉がシンプルで、形容詞はほとんど使いません。一文がコピーのようで、無駄がない。

もちろん、これが正解ということはありません。ただ、編集者として、プロデューサーとして、自己表現の手段ではなく、「人に伝える文章」を極めた鈴木さんが至った、ある境地なのだと思います。

父の教え

ぼくは子どものころ、学者だった父から、「すべては言葉から始まる」と、言葉の重要さを叩き込まれました。ＫＪ法という、カードに思考を固まりごとに書き出し、それを並べて論理を組み立てるという訓練も、小学生のころから受けていました。

ある日、父の書斎に呼び出され、著名な教授の文章を読まされたことがあります。とても難しい文章で、脳みそに汗をかきながら、なんとか読み通しました。父は、ぼくの目を見て、こう言いました。

「何が書いてあるか、わかるか？」

「難しくて、わかりません」

「それでいい。大学の論文っていうのは、たいしたことないことを、さも高尚に見えるように小難しく書いたものばかりなんだ。こういう文章は書くなよ」

仕事は、言葉によっておこなわれます。

新たなプロジェクトを立ち上げるとき、「これから、何をつくろうとしているのか」を伝えるのに、長々とした説明では、スタッフの心を動かせない。

何かトラブルが発生したとき、何を解決すればよいのかを言語化しないかぎり、問題は解決しない。

いまも、鈴木さんに何百回と言われた言葉が耳にこびりついています。

「何が言いたいの？　ひと言で言うと何？」

「はじめに言葉ありき」と聖書には書かれていますが、仕事も同様だと思います。どんな仕事をするときも、いちばん先にやるべきことは、言葉をつくることです。

森羅万象を、極力簡潔な言葉で言語化し、常に相手の「腑に落ちる」ように磨き続ける。

とても難しいことですが、常に意識しています。

２

怒りのコントロール法

「怒り」の感情は、ためて武器として使う。

怒りを10段階にコントロールせよ

ぼくは、もともと、とても感情的な人間です。

鈴木さんの下にいたころは、人と人とのあいだに挟まれることも多く、いつも怒っていました。

鈴木さんは、ぼくに仕事を教えてくれるときは、本気で叱ってくれました。でも、仕事相手に対して怒鳴ったりするのを見たことは、多くはありません。

ある日、某社の方が、決まったはずの仕事が突然、実現不可能になった、と連絡してきたときのことです。

ぼくは、その人の無責任さに憤り、怒りをあらわにしました。

鈴木さんにとっても、その状況は決して納得できるものではなかったと思うのですが、鈴木さんは表情を変えずに、いつもの口癖である、

「まあ、いろいろある」

と、つぶやいたあと、ぼくを部屋から出し、その担当者に電話をかけていました。

後日、その人から、きっちり補償に該当するお金を出させ、さらに次なる仕事の主導権も握ったことを知り、「さすがだなぁ」と感心したことを思い出します。

その後、鈴木さんに呼ばれました。鈴木さんはいつものように、タバコの葉をトントンと詰めながら、上目づかいで言いました。

「石井はさ、いつも怒りすぎなんだよ。そんなに怒ってばっかりだと、疲れるぞ」

その鈴木さんの発言に対しても、ぼくは怒ったのだと記憶しています。

「悪いのはあの人じゃないですか。予算も制作も決まったって言ってたし……。スタッフにだって、どうやって説明すればいいんですか！」

食ってかかるぼくに、鈴木さんは笑いながらこう言いました。

「じゃあさ、今回の件、この1年で起きたことと比較して、どれくらい深刻だと思う？」

当時は、長編作品が動いていて、現場では日々、さまざまな問題が起きていました。

「……まあ、それほど深刻でもないですね」

思わずそう、答えていました。

「だろ。いい？　人生において、本当に怒らなければならないことって、せいぜい1年に2回くらいしか起きないの！」

鈴木さんは大きな声で言ったあと、身を乗り出してこう言いました。

「石井さ、今日から怒りに10段階のランクをつけな。カーッとなったら、いまの自分の怒りは、１年間で、どれくらいのレベルなのかを考える。だいたい、１か２だってことに気づくから。そしたら、感情的にならず、顔にも出さず、落ち着いて対応すればいいの」

「でも、１年に２回は、本当に怒らなければならないときがある。そういうときは、怒るって決めて、怒ることによって物事が進むようにしなければダメ。ただ怒ってるだけじゃ、何も変わらないぞ」

合理主義者の鈴木さんは、怒りまでコントロールしているのか……と驚きましたが、この方法を真似してみると、非常に実用的でした。

怒りをためて、使うべきときに使う

1年のうち、本当に怒らなければならない瞬間は、2回しかない。言われてみると、そうなのです。いかに自分がふだん、どうでもよいことに対していちいち怒っているかに気づかされました。

むやみに感情をゆり動かさない。自分のなかに湧き上がる怒りをも、何かを進めるための道具にする、というこの方法は、とても健全です。

日々湧き起こる、さまざまな怒りをまるで経験値のようにためてゆく。そして、それが本当に「必要な怒り」になったときに、満を持して使う。

最近鈴木さんと仕事をしたスタッフから、こんな話を聞きました。以前から問題行動のある取引先スタッフとの契約を清算したときのエピソードです。鈴木さんは、関係者全員を集め、繰り返されてきたスタッフの問題行動と、事実関係をすべて把握したあと、こう言ったそうです。

「よし。じゃあそろそろ、怒るか！」

『もののけ姫』で、主人公のアシタカが放つこんな台詞があります。

「そなたの中には夜叉がいる、この娘の中にもだ。みんな見ろ、これが身の内に巣食う憎しみと恨みの姿だ。肉を腐らせ、死を呼びよせる呪いだ。これ以上憎しみに身をゆだねるな」

怒りに自分を蝕《むしば》まれるも、怒りを自身の武器として使うも、自分次第なのです。

3

余白をつくる

整理整頓が仕事の質を高める。

スケジュールは、自分中心で決めろ

ぼくは、長いあいだ鈴木さんのスケジュール管理を担当していました。『千と千尋の神隠し』が大ヒットし、『猫の恩返し』を経て、『ハウルの動く城』に至り、鈴木さんのスケジュールは、過密を極めていました。

当時どれくらい鈴木さんの役に立てていたかは自信がありませんが、スケジュール管理だけは、よくまあ、あれだけの分量をこなしていたものだと思います。

鈴木さんのスケジュールは、１カ月ごとの紙のカレンダーに直接ペンでスケジュールを書き込むもので、いまも変わっていません。

鈴木さんへのアポは、あらゆるところからやってきます。新規案件、関係者、スタッフ……。突然宮崎さんが部屋にやってきて話し込んだりすると、１時間や２時間があっというまに過ぎてしまい、その後のスケジュールがガタガタになってしまうこともしばしば。あっちを立てれば、こっちが立たず。ぼくはノイローゼ状態になり、鈴木さんのところへ行って、「もう無理です」とギブアップ宣言をしました。

すると鈴木さんはいつものように、顔色ひとつ変えずに言ったのです。

「何言ってるんだ。おれのスケジュールを管理しているのは石井なんだから、石井の都合で決めればいいじゃないか」

思い詰めていたぼくは、鈴木さんが何を言わんとしているのか、まったくわかりませんでした。そんなこと言ったって、案件が減るわけじゃないし、仕事を進めるために重要な予定は、パズルのように組んでいかなければならないじゃないか……と。

「スケジュールとか、アポイントメントっていうのはね、自分の都合のいいように決めるの。自分の人生なんだから」

「よくさ、いくつもスケジュールを出してくれ、とか言う人がいるでしょ。それに応えちゃダメ。予定は常に、自分の都合のいい時間を１カ所だけ指定する。本当に会いたければ相手が合わせてくれるものなんだ。１カ所しか出さなければ、みんなそこに合わせようと努力する。そして、その予定は、おれじゃない、石井が決めるんだよ」

目からウロコというか、なんというか。

その日からぼくは、先方から鈴木さんへのアポ依頼があったとき、複数のスケジュールを出さず、ピンポイントで出すことにしました。驚くべきことに、ちゃんと向こうが合わせてくれる。これはある立場にいる人にかぎってできることだ……という見方もあるかもしれません。でも、極力自分の都合で予定を出したほうが先方も対応しやすく、結果、双方のためになることも多いのです。

大切なのは余白と見直し

ぼくもいま、「いくつかスケジュールをください」と言われても、1カ所しか予定を出しません。

でも6割くらいの確率で、決まってしまうことが多い。残り4割は、「予定が合わない」ということで、別な候補をまたピンポイントで出せばいい。どうしても決まらない予定は、「縁がなかった」ということでいいのだと思っています。それでも、あっというまに予定は埋まってしまいます。大切な仕事はいっぱいあるのに、一日中打ち合わせで埋まり、夜には会食が入ってしまっていると、集中したい仕事に割く時間がどんどん失われてしまう。

予定が埋まりすぎて、大事な人と会ったり、インプットの時間が減ることはおそろしいことです。

だから予定を立てるときに、必ず「余白」をつくっておきます。

毎朝娘を保育園に送ってから会社の業務が始まるまでの1時間は、必ず空けています。さらに、週に1回か2回、2時間ほどスケジュール表に「空けておく」と書き込み、予定を入れないようにしています。この2時間は、月曜日の午後と、水曜日の午後に入れていることが多い。いまあらためてスケジュール表を見直して気づきました。

週のはじめに、その週にやるべき仕事を考える時間をつくること。
週の真ん中で、煩雑になった思考をいったん整理すること。

常にタスクを見直し組み換え、それでも終わらなかった仕事は、土日の夜などに片づけます。

アポイントメントがない日をつくることも考えましたが、自分の少ない脳みそと1日向き合うよりも、人と会って、何か刺激をもらったほうが意味があることに気づき、こだわらなくなりました。

解決までの時間が読めない案件でも、週に2回、1時間か2時間、じっくり考えをまとめる時間をつくれれば、ほとんどの問題は、じゅうぶん対策を練ることが可能です（どうしても解決しない場合は、水泳をします。30分も全力で泳げば、頭がスッキリし、解決策が見えてくるものです）。

整理整頓が余白を生み出す

いい仕事をしている人ほど、「暇です」「まだまだ余裕があります」と言いますが、それは自分の仕事の総量を把握し、きちんと空き時間をつくっているからこそ言えるのだと思います。

忙しいというのは、仕事の量の問題ではなく、精神的にキャパシティーオーバーになってしまっている状態を指すのです。

ぼくは毎朝、なるべく喫茶店に入り、ノートにやらなければならないことを書き出します。鈴木さんは車での移動中に頭のなかでやっていました。

課題を種類別に分類し、同じタイプのものをひとまとめにして、総量を減らす。

そして、すぐにやらなくてもよいけれど、たいして時間がかからないことをどんどん先に片づけていきます。

向こう1カ月のスケジュールを見直し、場所がどこか、移動時間は足りているか、参加者への連絡がおこなわれているかなどを確認し、不安だったら電話やメールで確認をおこない、よけいな不安や気にかかることを頭の外に吐き出しておきます。

小さな仕事を片づければ片づけるほど、パニックになっていた頭のなかが軽くなるのを感じます。脳に余白が生まれるのです。

出社前にやるべきこと

朝、喫茶店に入ったときに、タスクの整理だけでなく、書類の整理もやってしまいます。

手持ちの資料を仕事別に分け、いらないもの、頭に入っているものは、捨てます。機密資料が多いので、会社に入ってからシュレッダーにかけることになりますが、「あとでやろう」と思っていると、どんどんたまってしまうので、必ず、朝「捨てるもの」としてよけておきます。領収証や交通費の精算もこの時間にすませます。

会社に入ったら、机の上に届いている郵便物や書類に目を通し、ほぼ捨てます。本当に大事なもの以外は、しっかり記憶して、捨てる。机の上を何もない状態にしてから、今度はメールを整理する。これを午前中にやってしまうと、午後は打ち合わせや新たな企画の準備などに使うことができるのです。

宮崎さんの盟友であり、ジブリの色彩の長である保田道世さんに、こんなアドバイスをもらったことがありました。

「出社して、パソコンに向かってから色を考え始めるんじゃダメなのよ。朝起きて、会社に行くまでのあいだに、その日塗る色は全部決めておくの。だってパソコンの画面見てても、机のまわりに色はないでしょ？　家から会社のあいだに、参考になるものはいっぱいあるじゃない。席についたら、考えていた色を塗る。そうすれば仕事なんてすぐ終わるのよ」

仕事を始める前に、いかに頭のなかに余白をつくり、考えを組み立てることができるか。この教えを肝に銘じています。

デフラグの効用

20代のころは、毎日、「自分はバカなんじゃないか」と思っていました。いまも、たいした脳みそは持ち合わせていないことを自覚していますが、当時はもっと深刻な悩みでした。

考えようとしても、思考が千々に飛んで、頭が働かないのです。鈴木さんに、

「考えろ」と言われても、何をどう思考したらいいのかわからない。

いま思うと、やることが多すぎて、脳のなかに考えをめぐらせるための余白がなかったからなのだと思います。

鈴木さんのアシスタントになる少し前から2年間、毎日欠かさずやっていたことがありました。パソコン関連の知識を、メールでまとめ、連載形式で送るというものです。

鈴木さん宛ての「デジタル基礎知識メール」は、1999年6月12日から2年間、元旦をのぞいて1日も休むことなく続いています。いまもすべてを保管してありますが、そのなかに、こんなメールがありました。

第42回「デフラグの効用」

私のような猪突猛進見切発車前後不覚男の脳みそにこそ、デフラグ機能が必要なのかもしれません。

ハードディスクには、常に無数のデータが読み書きされているわけですが、それらの情報は、ハードディスク上に順を追って記録されているわけではありません。

ニフティマネージャー（当時鈴木さんが使っていたメールソフトです）を使う際に使用されるデータは、ハードディスクの円周の内側に記録されることもあれば、外側に書き込まれてしまうこともあるのです。

こうなると、困ってしまうのはハードディスク上のデータ読みとりヘッドです。ひとつのソフトを動作させるために、いちいち内側のデータを読み込んでから外側のデータにアクセスしなければならず、データの読みとり速度が低下します。

まさしく、石井朋彦の脳みそと同じです。

そのデータを、順序よく整理し、『最適化』させる機能が『デフラグ』です。

デフラグには、1時間以上かかりますので、寝る前やちょっと席をはずすあいだに実行するといいでしょう。

人の脳みそは、日中取り入れた情報を、『睡眠』によって整理しているといいます。

パソコンでは、『睡眠』がデフラグといえるのです。

鈴木さんからの返信は、

「省力化は大賛成」

というものでした。いまも鈴木さんはたまに、この「デフラグ」という言葉を例にとって、整理整頓の大切さ、余白をとることの意義をみんなに説いています。ぼくが送ったメールがきっかけなのだということは忘れてしまっていると思いますが、その言葉を聞くたびに、いつも嬉しくなります。

疲れると、人は判断できない

多くの映画は公開前の宣伝に、ほとんどのエネルギーを費やします。

しかし、鈴木さんは、公開前だけではなく、公開後も継続して宣伝を打ちます。『千と千尋の神隠し』の公開中は、何度も何度も宣伝の山をつくり、配給会社にもプレッシャーをかけ続けて、異例のロングランを実現しました。公開初日から数日で興行の成否が決まってしまう昨今、１年にもわたって公開が続くジブリ作品。ジブリが特別扱いされているのではなく、鈴木さんが宣伝費をちゃんと公開後のぶんも残す戦略を立てているからなのです。

ぼくにとっては耳が痛い話です。長期間にわたって緻密な戦略を立てなければならない……と思うだけでドーンと両肩に重しが乗ったようになります。ですが、鈴木さんは涼しい顔でこう言います。

「コチョコチョやってると、疲れるでしょ。疲れることはしないの。疲れると、人はちゃんとした判断ができなくなる。だからね、年がら年中考えているっていうのはダメ」

「おれの場合は、本当に真剣に考えるのは、1週間のうち、せいぜい1日。真剣に考える日以外は、整理に使う。整理をしてから、一気に集中して考える。ずーっと考えてると疲れるでしょ」

この、「疲れるでしょ」という言葉を鈴木さんはよく使います。

鈴木さんは、整理整頓や、ラクをすることが本当にうまい。

宮崎さんも、だれよりも働いているように振る舞いながら、昼寝をしたり、雑談をしたり、頭を整理する時間をちゃんとつくっています。

「机にずっと向かっているヤツは仕事ができない」

と鈴木さんは言っていましたが、よく学び、よく遊び、よく整理整頓をして頭を最適化させてから集中して考える習慣を徹底しているのです。

4

相手を引き込む話し方

本題よりも「枕」を大事に考え、身体を使って伝える。

徳間社長直伝の「話し方」

鈴木さんが、徹底的に真似をした人がいます。

徳間書店創業者である、故・徳間康快《やすよし》社長。鈴木さんや宮崎さんが親しみを込めて「社長」と呼び、ジブリを支え続けた日本の出版・エンタテインメント界の大物です。

鈴木さんの話は、だれをも引き込む不思議な魅力があります。

ものすごく論理的なわけでもなく、独創的な発想を語っているわけではないのに、その場にいる人が「なんとなく」説得されてしまう。

書店でおこなわれた鈴木さんのトークショーをうしろで聴いていたときのことです。鈴木さんを知らない様子の10代と思われるカップルが足を止め、

「あの人だれ？　なんでこんなに話おもしろいの？」

と顔を見合わせていました。

この「相手を魅了する話し方」は、徳間社長から伝授されたものだと、教えてく

れたことがありました。
話し方のポイントは3つだけです。

・話すことを3つに分ける
・すぐ本題に入らず、必ず「枕」から語り始める
・手や足の置き方、おなかへの力の入れ方、目線というフィジカルを使う

話すことを3つに分ける

話がよどみなく進みすぎて、「立て板に水」の人がいます。高学歴で、頭脳明晰な人に多い。論理的だし、無駄な雑談をするわけでもないし、言いたいこともハッキリしている。

でも、次から次へと耳から入ってくる情報に、聞き手がついていけないのです。すると、「あの人、頭いいのに、なんだか仕事できないよね」という印象になり、

なんとなく敬遠されてしまう。

「大きく3つあります」

鈴木さんは自論を述べる前に、こういう言い方をします。

実は打ち合わせが終わったあと、ノートを見直していると、テーマがひとつだけだったときもあれば、4つ以上だった……ということもあります。つまり、いくつでもいいのです。「3つある」と言いきることが大事。

「まず、3つある、と宣言する。そして、話し始める。残りのふたつは、考えながら決めればいいんだよ。人はね、これから聞く話が、いったいどれくらいの分量なのか、わからないで聞いているとストレスがたまる。全体像を把握し、情報を小出しにされたほうが理解しやすいんだ」

「事前に話したいことがまとまっているときは、それをノートに書き出す。同じようなテーマはひとつにまとめて、最終的に3つに分類してから打ち合わせにのぞむ」

「話すことがまとまっていない場合は、ひとつ目を話しながら思いついたことを次に話すこととして頭のなかにとめ、3つ目を話しながらもっとあると思ったら『さらに付け加えると……』と訂正してから話し続ける」

テーブルの下の鈴木さんの手を見ていると、3本の指に微妙に力を入れていることがありました。これは徳間社長の教えで、最初に話すべきことを3本の指に割り振っておいて、話し終えるごとに入れていた力を緩めたりして「いま自分がどこまで話したのか」「残り、どれだけを話すべきなのか」を明確にしているのでした。

この方法は、常に「思考以外の情報処理を外部に置く」というクセを身につけることに役立ちます。

「自分はどこまで話したか」「残りどれくらいなのか」という情報処理を、いま話している思考と同時に行うと、頭のなかで渋滞が起こります。

３本の指に割り振り、話していること以外を外部処理することによって、より脳内はクリアになります。

間違えないためには、事前にノートにまとめておいたものを見ればいいのですが、あまりチラチラとノートを見ていると、相手は「この人はメモに頼って話している」と真剣に聞いてくれません。パソコンを開きながらの打ち合わせも、あまりよい印象を与えないと思います。

丸暗記をしない

これも、徳間社長の教えだったと記憶しています。

話す内容を丸暗記はしない。丸暗記をしてしまうと、ひとつ忘れたときに、そのあとを完全に見失ってしまうし、その場の雰囲気で話す順番を入れ替えたり、別な話題をふくらませることができないからです。

「8割くらい覚えたら、なんとなく頭の上に、小分けした記憶を放り投げておく。原稿があったら、原稿をいくつかのブロックに分けて、ポーンと、おでこの上あたりに浮かばせておく」

「そして、しゃべりながら相手の反応を見て、次にどれを話すのかを考える。忘れてしまうこともあるけれど、忘れちゃうくらいのことは、むしろその場では必要がなかった、と思えばいいんだ」

ぼくは、章立てだけを書いて映像で覚え、おでこの前あたりにそれが浮かんでいるようにイメージするようにしています。

10割覚えることにはものすごい労力と時間を要しますが、8割くらいですと、2～3回読み返せば、かなりのところまで覚えられるものです。

フィジカルを活用する

鈴木さんは、大勢の人の前で話すときの心得として、徳間社長にこう言われたそうです。

「肩幅より少し大きく足を開き、10本の指にしっかり力を入れろ。両手は軽くこぶしを握り、片方はテーマを数えるのに使え。下っ腹（丹田）に力を入れておなかから声を出し、注目してほしい話のときには、両手を少し広げて聞いている人に印象づけるようにしろ」

人を魅了するために、身体全体を最大限利用する。『鈴木敏夫語録』をあらためて読み直すと、こう書いてありました。

話すときは、文節を区切って、ゆっくり話し、相手が自分の言ったことを咀《そ》嚼《しゃく》したことを確認してから、次の言葉をつなぐ。

たまに笑ったり、冗談をはさんだりして、緊張感が持続しないようにする。

強調したい話のときには、身振り手振りで、その話題が重要である、ということをアピールする。

本題に入る前に必ず「枕」から話し始める

鈴木さんにはよく、落語に連れて行ってもらいました。

故・古今亭志ん朝さんや、柳家小三治さんの高座があるたびに誘っていただき、聴き終わったあとにお茶を飲みながらその日の噺について語る。振り返ると、なんと贅沢な時間だったのだろうと思います。

鈴木さんが分析していたのは、落語の内容よりも、噺家《はなしか》が本題の前に、場をあたためるために話す雑談「枕」でした。

鈴木さんの話もまた、「枕」にすべてが詰まっています。

政治ネタや、いまヒットしている映画、スタッフの恋愛事情……枕の内容は多岐にわたりますが、その雑談のなかに、必ずその日の本題に結びつく「旬のネタ」が入っているのです。

以前、あるスタッフを慰労する食事会が催されたときのことです。そのスタッフは、宮崎駿という天才を前に、作り手として自信を喪失しかけていました。

そんな彼の前で鈴木さんが披露した「枕」は、宮崎さんがいかにこれまで、自分の意思とは違う形で作品を手がけてきたか……というエピソードの数々でした。

初監督作は、『ルパン三世　カリオストロの城』というシリーズ作品の映画化でし、『魔女の宅急便』や『ハウルの動く城』は原作もので、若手の監督が降板し、代わりに監督することになった作品です。日本映画の最高興行収入を打ち立てた『千と千尋の神隠し』は、本当は別にやりたい企画があったのに、鈴木さんの反対を受け、急場で思いついた企画だった。監督デビューも同世代よりずっと遅かった……という話です。

鈴木さんが本題を語る前に、そのスタッフの目はみるみる輝き、まずは目の前の現場に集中しようという熱意を取り戻したのでした。

鈴木さんは「枕」によって、相手のなかに、「気づき」を生み出します。それもごく自然に。何かに「気づいた」あとに聞く「本題」と、気づきがないときに聞く「本題」とでは、同じ内容でも理解度に大きな差が出るようです。

共通の話題を「枕」にするための準備

枕は、ひとりよがりの話ではいけません。相手との共通の話題であることが大前提です。

当時はまだ新聞がぎりぎり共通言語でしたので、ぼくは毎朝、鈴木さん、宮崎さんが購読していた「朝日新聞」の見出しを丸暗記して出社しました。6時半には起床し、社会面や国際面を中心に頭に入れ、見出しをメモしていつでも引き出せるようにしておいたのです。

宮崎さんが当時必ず見ていた、「NHKスペシャル」や、鈴木さんが毎晩録画していた、「ニュースステーション（現・報道ステーション）」の内容も頭に叩き込みました。

翌朝、ふたりに会うと、

「昨日のNスペご覧になりましたか？」

と、共通した「枕」から話し始めることができます。「枕」が仕事の話に発展していくことも多い。言いにくい話も、雑談に花が咲いたあとではまったく反応が異なってきます。

昨今、難しいのは、メディアが多様化しすぎて、共通の話題を見出しにくい、ということです。ネットのニュースを見ている人と、新聞を読んでいる人とでは、情報の種類も受け取り方もだいぶ異なります。そのために、事前にある程度の情報収集をしておく必要があります。

ぼくは、打ち合わせや面会の前に、いくつか「ネタ」を考えてのぞむようにしています。はじめて面会する人の場合、知っている情報が少ないので、先方の会社を訪れてから本人に会うまでの時間が勝負です。たとえば、受付の電話がヨーロッパ製のお洒落なデザイン家電だったとします。受付に対するこだわりは、その会社のこだわりと不可分ではない。

受付で待っている数分のあいだにその電話のブランドを検索し、どの国のどういう銘柄なのかを頭に入れる。日本にお店があるのなら、どの辺に旗艦店があるのかを知っておく。

「受付の電話、〇〇〇のですよね、おしゃれですね」

こう言われて、いやな気分になる人はいないと思います。そこから話題が広がり、おたがいの趣味や趣向がつながれば、本題を話すときも、リラックスしてのぞむことができる。

若いころのぼくは、精度の高い打ち合わせをしようと、正論や本題ばかりを語っていた気がします。でも、そうした打ち合わせは、何か味気なく、つまらないのです。

鈴木さんには、

「焦るな」
「すぐ本題に入るな」

とよく怒られました。

どんなに正しく、魅力的な話でも、いきなり初対面で本題に入られると、相手はかまえてしまいます。

目的や相手の人数によって話し方は変わる

言葉は、最終的に相手に届け、心を動かして、何かを生み出さなければなりません。

そのために、相手やその場の人数によって話し方を変える必要があります。

たとえば、緊張感が生まれやすい一対一の場合。相手の出身地や、いまやっている仕事、聞けるものならばプライベートのことなどを聞いて、気持ちをほぐしてから本題に入ります。

人数が多い場合は、出席しているすべての人に目線を向け、一人ひとりと目を合わせるよう注意します。どうしてもひとりの人に向かって話してしまいがちになるからです。そして、なるべく人の紹介から始める。

「この人は、こういうことができる人です」

と、役割分担をハッキリさせ、相手に「この大勢いる人たちは、なんのために来ているのだろう」という不安を抱かせないようにします。

ぼくは、広告の仕事も兼務していますが、以前は10人以上が同席するような広告業界特有の会議が苦手でした。でも、実際に仕事をしてみると、企画を考える人、デザイナー、営業、ＰＲ担当など、広告の仕事は多岐にわたり、それくらいの人数が必要なのです。

「お金を出してもらう」話し方

最後に、「相手からお金を引き出す方法」について、書いてみたいと思います。

こんなことを書くのは、あまりよいことではありませんが、すべての仕事は「だれかに価値を感じてもらい、結果的にお金を出してもらうこと」だと思うので、話し方のコツを書いてみます。

幸いにも、ぼくはスポンサーに恵まれてきました。一度かぎりではなく、継続してパートナーになってくださる出資者やスポンサーとよい関係を築けています。映画づくりにはお金がかかりますので、お金を出してくれる人の力がなければ、何も生み出すことができません。

大切なスポンサーに対して、ぼくは大きくふたつのことをお話しします。

ひとつ目は、作品のテーマや狙い、魅力を語るとき、必ず「大義名分」を盛り込むことです。

スポンサーの皆さんは、多忙で、本業は別にあります。長々とストーリーを説明したり、キャラクターデザインの素晴らしさを語っても、彼らの本業とは別なため、伝わりづらい。ですから、

「いまこの時代に、なぜこの作品をつくる意味があるのか」

という、大義を必ず言語化しお伝えします。

どんな仕事人も、時代とは無縁ではいられません。

「いまなぜ、この仕事をやっているのか」

「いまなぜ、この企画なのか」

という、大きな意義のようなものが腑に落ちたとき、「じゃあ、やってみるか」

という動機が生まれます。

　ふたつ目は、相手が何を欲しているのかに耳を立てることです。一方的に、「この作品がつくりたいんです。お金を出してください」と言われて、財布の紐を解く人はいません。ですから、本当にお金を出してほしいときほど、「出資してください」とは言わず、相手の仕事や事業について、いろいろな質問をします。そして、そのなかで、自分がいまつくろうとしている作品の「大義名分」に重なる部分が見えてきた瞬間を見極めて、

「いまおっしゃった御社の目標と、ぼくたちがつくろうとしている作品とは、大きな関わりがあるように思います」

と、切り出すようにしています。

　他人事では人は動きませんが、自分事になったとき、もう、その相手は作品を共につくる仲間のひとりになっているのです。

　先方の事業において、自分たちの企画が役立てる部分が見えない場合は、無理に

は進めません。「大義」に共通のポイントがないまま無理に進めても、映画という「夢」は花開かないからです。

5

深く聞く技術

「相づち」「沈黙」「笑顔」……

相手をその気にさせる、話の受け方。

相づちを軽んじない

宮崎さんと話していると、突然険しい表情になって沈黙するときがあります。数秒間、長いときは数十秒間。

ぼくはそういうとき、再び宮崎さんが話し始めるまで、じっと待つようにしています。このテクニックも、鈴木さんが教えてくれたことです。

クリエイターは、話をしているあいだに新たな思考が始まり、その場で黙考に入ることがよくあります。このときに、沈黙に耐えきれずに適当な話題をふったりすることは決してしてはならないことです。相手は自分の世界に潜り、別な世界で思考をしているわけですから、戻ってくるのをじっと待てばいいのです。

沈黙を恐れない。
相手が考えているときはじっと待つ。

そのとき、相手の目を見続けたりすると、かえって相手の気を散らせてしまう。目線をほかにやり、自分の存在を意図的に相手の前から消すことも重要です。鈴木さんはタバコに火をつけたり、席を立って机の片づけを始めたりして、相手が考える時間を意識的につくっていました。

鈴木さんの下についてすぐのころ、何度も相づちを打つクセを指摘されました。

「そうやってこまかく何度も相づちを打つと、相手の信用をなくすよ。相づちが多い人って言うのは、だいたいよくわかってなくて、不安でそうしているだけなんだ。相づちは数を少なく、そして長く。ちゃんと相手の話を理解したあと、大きくうなずいて相手の目を見る。自分が理解したということを明確に伝えなきゃダメ」

聞き手の態度によって、相手の考えを深いところから引き出せることを、鈴木さんは繰り返し教えてくれたのです。

プライベートに踏み込む

鈴木さんの「聞く技術」のなかで、いまだに真似できない方法があります。意識的に、相手のプライベートに踏み込むという手法です。

たとえば、非常に優秀で、社会的な地位もあり、容姿も美しい女性と鈴木さんが話していたときのことです。

「何？　君結婚してるの？　君みたいな人と結婚した旦那は大変だろうなぁ」

最初は、ちょっと相手もムッとした顔をします。

「どうしてそう思うんですか？」

相手が問うと、

「だってさ、君美人じゃん、仕事もできるでしょ。だから相手に、自分と同じものを求めちゃうんだよ。でもね、そんな男はいないから！　仕事の理想は高く、男の理想は低く！　それに、君みたいな奥さんが家にいて、家でも立派に振る舞っていたら、旦那は息が詰まっちゃうでしょ？」

「なんでわかるんですか！　そうなんですよ……最近旦那が、『君といると息が詰まる』って言うんです。でも、私は家でもちゃんとしたいんです。おたがいの価値観を大事にして家庭を築きたい。でも、その話になるとケンカになっちゃって……」

いつのまにかその場は、人生相談の場に変わっていました。相手が話し始めたら、鈴木さんは聞き手にまわります。

すっかり人生相談モードになった会話の締めくくり、その女性は、鈴木さんにこう言いました。

「鈴木さん、私これから、どうしたらいいんでしょう？」

「簡単だよ。夫婦っていうのは、向き合っちゃダメ。同じ方向へ向かって歩かなければならないんだ」

その場にいた全員が、「なるほどー」と妙に納得し、その後の仕事の打ち合わせもとてもいい雰囲気で進んだことを思い出します。

「くだらない！」の前の笑顔

インターネットで「宮崎駿」と検索すると、満面の笑顔の宮崎さんの写真がいっぱい出てきます。「パカッ」という音が聞こえてきそうな笑顔です。

でも、ふだんから、笑顔を振りまいているわけではありません。仕事中の宮崎さんは真剣ですし、怖い。

宮崎さんはクリエイターですから、そうそう相手の話に賛同したり、同意したりはしません。何か言うと、

「くだらない！」

と一蹴されます。でも宮崎さんは、相手の話をじっと聞いて、自分の意見を言う前に、あの満面の笑顔で、「パカッ」と笑うのです。それだけで相手は、ハートをつかまれてしまう。

相手の意見を否定しなければならないときほど、笑顔を浮かべる。それだけで、結果は１８０度変わってきます。

反対に、相手が話しているあいだから、「自分は違う考えを持っている」という雰囲気を出してしまうと、どんどんその場は気まずくなります。

心がけていないと難しいのですが、ぼくは相手の意見と反対のことを言うときは、聞きながら笑顔を強めるようにしています。そして、まずは相手の話を最大限

評価したあと、「こういう考え方はどうでしょう?」と切り返すのです。

いいことほど、「相手が言ったこと」にする

ぼくが理想とする、究極の「聞く技術」があります。それは、「相手が言ったことにする」という方法です。鈴木さんも宮崎さんも、これがうまい。

明らかに自分が考え、そうなるように仕向けたのに、「あれって、石井が言ったんだよな」とか、「あれは○○のアイデアだから」と相手を立てる。

当然、言われた人は嬉しいし、やる気になります。相手が言った形にすることによって、その人を巻き込み、責任を持たせることもできる。鈴木さんと宮崎さんとのあいだは、これがいきすぎて、よく漫才みたいになっていました。

「あれは、宮さんが言ったんですよね」

「違いますよ、あれは鈴木さんです!」

それが、映画の企画が決まったときのような、ものすごく重要な決断に関する話題だったりするので、聞いているほうはビックリします。でも、これがきっとふたりの長続きの手法なのでしょう。

「おれがやった」「自分が考えた」と、自分の手柄に固執する人は、次第に仲間を失ってゆきます。チームで動く場面でこそ、「自分を捨てる」ことがよい空気を生み出すのです。

6

人から どう見られているか

客観的視点を常に意識することで、「自分」が見えてくる。

「バランスを大事にしろ！」

ぼくは、とても極端な人間です。

感情的ですし、熱しやすく、冷めやすい。興味のあることはとことんやりますが、興味がないことに関してはまったく腹に力が入りません。のめり込むと、まわりが自分のことをどう見ているのかを気にせず、突っ走ってしまうこともしばしばです。たまに、極度の自己嫌悪に陥ります。

でも、なんでも平均的だという人はいないし、おもしろい生き方をしている人ほど、よくも悪くも偏っているものです。

鈴木さんもまさにそうです。せっかちで待たされるのが大嫌い。食堂で、前の人のテーブルが片づけられる前に席について、お店の人を困らせますし、せっかちすぎてトイレで手を洗わないことが、スタジオで問題になったこともあります。

そんな鈴木さんからぼくは、

「お前は極端だ。バランスを大事にしろ」

と言われ続けました。

バランスが取れているって、どういうことなのでしょうか。「バランス感覚?」「平均的に秀でていること?」。平均というものがわからず悩んだ時期もありました。でも、鈴木さんの言う「バランス」とは、平均のことではなかったのです。

鈴木さんにその答えを教えていただいたときのことを、書こうと思います。

バランスとは、「社会的なバランス」のことである

鈴木さんと宮崎さんが当時読んでいた「朝日新聞」を、毎朝必ず読んで会話にのぞめるようにしたことは前述したとおり。

ある日、自席の机で新聞を広げていると、鈴木さんがちらっと横目でぼくを見て通りすぎました。しばらく経って、部屋に呼ばれました。

「石井、さっき、新聞広げて読んでいただろ。あれ、やめたほうがいいぞ」

別に、漫画や雑誌を読んでいたわけではありません。仕事のために読んでいたという認識でしたから、ぼくはちょっとカチンときて、「どうしてですか？」と反論しました。鈴木さんはタバコをふかしながら、ニヤッと笑って言いました。

「石井はいま、何歳？」

当時ぼくは20代半ばです。答えると、鈴木さんはこう続けます。

「この部屋でさ、石井はいちばん年下だろう？　その石井が、朝から自分の机で新聞を広げて読んでいたら、みんなどう思う？　決していい気分はしないんじゃないかな。でも、資料を読むスペースである共有テーブルで読んでたらどうだろう？　もっと印象はよくなるはず。自分がどう思うか、は関係ないんだよ。まわりが石井のことをどう見ているか、ということのほうが大事なんだ。じゃないと、いい仕事はできないぞ」

当時は若くて血気盛んでしたから、鈴木さんがどういう意図でそう言ってくれたのかをちゃんと理解していませんでした。ですがいま、若い人が仕事場に入ってきて、ときに彼らを指導しなければならない局面に立たされたとき、その真意がとても深く身にしみます。

「いい？　石井にバランスが足りないというのはこういうことなの。バランスというのは、『社会的なバランス』ということなんだ。仕事をする以上、『社会にモノを言って、通用するか』ということがいちばん大事なんだ。自分の考えや価値観だけを、受け手のことを考えずに伝えようとするなら、その前には大きな壁が立ちはだかる」

「核心的なことを言いたくても、相手によって、状況によっては通用しないことがある。特に、対象が保守的である場合はなおさらだよ。その場合は、あえて言いたいことを内に秘め、まず相手の『壁』を崩してゆかなければならない。そのためには、常に、自分と世間との関わりと、自分が世間からどう見られているか、ということを考えなければならない」

人には、年齢や地位、経験といった、さまざまな立場やイメージがあります。一方、内面では、「自分は本当はこういう人間である」という自我を持っている。ぼく自身、他者像と自己像が一致していないことに、長いあいだ苦しみました。

でもいまは確信します。

「自分が見られたい自分」よりも「人が見ている自分」が自分なのです。

つまり、仕事を進めるためには、他者から見た自分を知らなければならない。それが鈴木さんの言う「社会的バランス」の答えでした。

甚兵衛・作務衣・サイコロ

『魔女の宅急便』の製作委員会で、配給会社の偉い人の発言に、鈴木さんが異を唱えたときのことを、話してくれたことがありました。

「委員会が終わったらさ、会議室の外に呼ばれて、言われたんだよね。『お前みたいな若造が生意気な口をきくな！』ってね」

当時、鈴木さんは40歳です。若造とは言えません。鈴木さんは見た目が若く、服装もラフだったので、若く見られることが多かった。鈴木さんは、「若造だから思ったことを言ってはいけないのか」と思ったそうです。

でも、偉い人に反感を持つのではなく、話し方や立ち居振る舞いを変える努力をしたそうです。髭を生やし、ジーンズをパンツ（とはいえチノパンだったようですが）に変え、少しでも年かさに見えるように心がけた。

最近の鈴木さんは、甚兵衛や作務衣をまとっています。それがまた、似合っている。大物感というか、映画界の重鎮というか、独特のオーラを鈴木さんにもたらしています。

また、鈴木さんのテーブルには常にサイコロが常備されていて、打ち合わせ中に「最後はサイコロで決めるんです」と言って場を沸かせます。お土産を考えるときは、サイコロアイテムを選ぶのが、鈴木さんに近しい人たちの常。

重要なのは、鈴木さんがこうしたアイテムを使い、周囲から自分が、

「どう見られるかを意識している」

という点です。鈴木さんが重要な決断を下すとき、サイコロを使っているのを、少なくともぼくは見たことがありません。サイコロという小道具ひとつで、ひょうひょうとした空気を演出しているのだと思います（本当に、サイコロで決めているときがあるのかもしれませんが）。

篠原征子《しのはらまさこ》さんのアドバイス

篠原征子さんという、名アニメーターがいました。東映動画時代に宮崎さんと出会い、『アルプスの少女ハイジ』全話の動画検査をつとめ、『未来少年コナン』『赤毛のアン』『ルパン三世 カリオストロの城』そして『風の谷のナウシカ』から『ハウルの動く城』まで、宮崎作品の現場を支えてきた人です。アニメーターを引退したあとも、スタッフを叱咤激励してくれる、ぼくら若手のジブリスタッフにとって、お母さんのような存在でした。

ある日、篠原さんに呼び止められ、こう言われました。

「きれいな格好していなきゃダメよ。汚い格好しているとね、そういう仕事しかまわってこない。ちゃんとした格好していれば、それなりの仕事がまわってくるものよ」

アニメーション業界には、大事な商談にもジーンズとTシャツでのぞむ人がめずらしくありません。けれど、クリエイターならまだしも、プロデューサーがそれでは、決まる仕事も決まらない。クリエイターである高畑さんや宮崎さんも、常に襟のあるシャツを着て、ズボンにはきれいなクリース（折り目）がついています。

ぼくは、篠原さんからアドバイスをいただいて以来、スーツかジャケット、シャツを常に着用するように心がけています。

本来の自分をさらけ出すほうが「得」

若いころのぼくは、周囲から「完璧な仕事をする、優秀な人間」と見られたいと思っていました。だから失敗も人一倍恐れていたし、「自分はみんなと違う」という壁をつくっていました。

ですが、本当の自分は、「よく失敗するけれど、立ち直りの早い、明るい人間」なのだと気づきました。残念ながら、完璧に仕事をこなすことはできないし、頭脳明晰な戦略家でもない。でも「失敗を恐れず、すぐに這い上がって物事をなんとかする」という、生まれ持った泥臭い性分は、けっこう役に立つようなのです。正直にさらけ出したほうが、「得する」場面が多かった。

ぼくのまわりにはいつも、自分よりも優れた才能のある人がたくさんいます。そんな人たちに、

「石井がいると、なんとかなる気がするんだよね」

という言葉をかけてもらえることがあります。

それは、立ち直りの早い性質からくるトラブル対応のおかげなのです。ぼくは、問題が起きても、すぐに別の手を考えます。思考停止にならず、どんどん具体的な提案と行動をするところが長所らしい。

一方、こまかいミスも多くて、先日も大事なプロジェクトのメンバー全員に送った確認メールで、あろうことか重要な日付を間違えてしまいました。でも、そんな

失敗をみんながフォローしてくれて、チームの親密度が深まった瞬間でもありました。「完璧な自分」を目指すより、ずっといいのです。

いつしかぼくは、自分の失敗やダメなところを、積極的に人に話すようになりました。ダメな自分をさらけ出すほど、周囲はぼくのことを評価してくれます。

一方、「こうありたい自分」を目指せば目指すほど、人との距離が離れてゆくのです。

「こう見られると得」という自分が、結局「本来の自分」であったというのは、この本の本質に通じます。つまるところ、自分を捨てて残ったもの――持って生まれた「核」で勝負するほうが何事もうまくいくのです、きっと。

7

タスク管理の方法論

スピーディーにこなすべき仕事と、
人の力を借りてじっくり考える仕事。

急がなければならないことほど、ゆっくりやれ

鈴木さんは、せっかちです。

食事は5分以内で食べてしまうし、風呂もカラスの行水。

朝、鈴木さんから電話がかかってきて、矢継ぎ早に指示を出し始めたので、急いでメモを取っていると、階段の下から、受話器の向こうと同じ声が響いてきて、部屋に入ってきた鈴木さんに「できた?」と言われたことがあります。

つい最近、鈴木さんから「原稿を書いてほしい」というメールがあり、あわててパソコンを開いて書き始めたら、15分後に鈴木さん自らが書いた原稿が送られてきました。

宮崎監督も、日本一といっていいほどのせっかちです。

宮崎さんは絵コンテを連載漫画のように、20~30ページずつ描き上げ、スタッフに配布します。すぐに感想を聞きたがる宮崎さんは、受け取ったぼくらが2~3ページほど読み進めたところで「どうだ!」と感想を聞いてくるのです。答えよう

がありません。

そこで深夜、宮崎さんが帰宅すると、宮崎さんの机にある絵コンテをこっそり暗記し、翌日に備えるようにしていました。

でも、仕事を覚え始め、鈴木さんのスピード感に追いつき始めたころ、こう言われるようになりました。


「急がなければならないことほど、ゆっくりやれ」


その言葉に最初は混乱し、反発したように思います。

スピードに勝るものはないし、たとえ間違ったとしても、走りながら修正したほうが、ノロノロ仕事をするよりもずっといい。だいたい、大事なことほど鈴木さんは早急さを求めます。ゆっくりやったら終わらないじゃないか、と。

急がなくていい仕事は、早くやれ

ぼくが、鈴木さんの言葉の意味を実感したのは、まったく逆の言葉を聞いたときでした。

「急がなくていいことほど、早くやれ」

まるでとんちのようですが、鈴木さんは、ていねいに教えてくれました。

「人は、急がなくていいことをやらないでためてしまい、大事なことをやる時間を失っている。結果、急いでやらなければならないことほど大事なのに、わずかな時間で実行しようとし、事をし損じるんだ」

そのためには、ひとりの時間をつくって、急がなくてもいいけれども、すぐできることを先に片づけてしまい、急がなければならない重要なことほど、じっくり時間をかけて考えて実行せよ、と言いました。

「急がなくていいこと」とは、たとえば、業務連絡や共有事項の伝達、メールの返信、スケジュールの確認など、比較的いつでもできる仕事です。

「急いでやるべきこと」とは、機械的に処理できない重要な仕事です。

ぼくの場合は、企画書の執筆、予算表の作成、プロットや脚本のチェック、制作過程の映像や音響の確認、宣伝素材の読み込みです。これに加えて、課題やトラブルに対応するための戦略を練ったり、人間関係の調整などがこれに当たります。

営業職であれば、取引先への提出資料の制作や、お金まわりの整理、何よりも重要な、取引先への訪問などへの時間が、それに当たるでしょう。

企画職、デザイン職であれば、新たなアイデアを生み出し、形にする時間がこれに当たります。

朝喫茶店に入って、やるべき仕事を書き出し、簡単な仕事を片っ端から片づけていくのは前述したとおり。そのあいだも脳は、「急いでやるべき重要なこと」を考え続けているので、簡単な仕事をこなしていても、重要な仕事について、思いを巡らせていることになります。

そして、ある程度脳のバッファーが空いたら、急がなければならない重要なこととじっくり向き合います。

電光石火のメール返信

鈴木さんは、メールやLINEの返信が早く、必ずその日のうちに返ってきます。目上の人でも、今日会ったばかりの若い人でもそれは同じです。「鈴木さんが返事をくれた!」という喜びで、若い人がやる気を出す……そんなよいスパイラルが、日々生まれています。

メールの基本は、「ためないこと」です。メールの返信が、数日から1週間以上空く人がいますが、そんなスピードで返信が届いても、状況は刻々と変わってきてしまっています。

いまはスマートフォンがありますから、いつでもどこでもメールの返信が可能です。この仕事をしていると、ちょっと映画を観ている2時間のあいだに、メールが50件、100件とたまってしまい、辟易《へきえき》とすることがしょっちゅうです。ぼくはその場で返せるメールは、スマートフォンで即返信するようにしています。

多くのメールは、共有事項だったり、単純な連絡だけだったりします。そういうメールをためずに、短くてもいいので「了解です」「よろしくお願いします！」と、とにかく返信してしまう。別に考える必要はない。パズルゲームを楽しんでいるようなものです（もちろん、内容には目を通しています）。

席に戻ると、ちゃんと腰を据えて処理しなければならないメールは、30件ほどになっています。そのなかで、後回しにしてもよい軽い案件のメールを優先的に返信します。あとですむ、と思ってメールを保留しておくと、だんだんたまってしまい、自分の首を絞めることになるからです。

そして、時間がかかるメールは、夜、1～2時間ほど時間をつくって、じっくり書きます。時間に追われている昼間に、熟考することは難しいからです。誤送信を防ぐためにもこうした時間は重要です。

大事なのは、必ず寝る前に、すべてのメールに返信して、翌日に残さないこと。

多くのメールは、相手が出社した午前9〜10時以降に返ってきます。それまでの時間は、自分から出せるメールの時間になる。連絡事項や確認事項を、夜のうちに送ることで、相手が考えたり処理したりしている時間に、先手を打つことができる。

きっと鈴木さんがすべての人にすぐに返信を送るのも、そのほうが結果的に、仕事がたまらずに自分の時間をつくることができるとわかっているからだと思います。

メールについて、ひとつ心にとめておくと効果的なことがあります。

「送っていないメール、返信していないメールはゼロである」

受信トレイに大量のメールがたまり、アップアップしている人がよくいます。いつも、「すぐメールがたまってしまう」「忙しい、忙しい」と言っている人です。ですが、メールを返信していない時点で、その人はプロジェクトに対して、何もコミットできていない。なぜなら、メールという「言葉」を出力していないからです。送るべきメールはすぐ送る。返信を返すことによって、その瞬間、新たな仕事が生まれていると思うだけで、ワクワクしてきます。

たかがメールの返信ですが、ひとつの仕事を前に進めている達成感や、どのような返事が返ってくるかのドキドキ感。すべてはまず、メールの「送信」&「返信」ボタンを押すところから始まるのです。

メールの分類は3つでいい

ぼくの場合、タスク管理にもメーラーを利用しています。Gmailのラベル機能（通常のメーラーのフォルダ機能）で整理していくのです。

使うフォルダは、「受信トレイ」「備忘録・メモ」「TODO」の3種類だけです。仕事別フォルダはつくりません。結局のぞかなくなり、対応が遅れるからです。

「受信トレイ」「備忘録・メモ」「ＴＯＤＯ」の３分類だけで、すべてのメールを処理します。

まず、受信トレイに届くメールに返信をしていきます。多くのメールは連絡や確認事項ですので、極力短い文章で返信します。このなかで、判断に時間がかかりそうなものは「備忘録・メモ」ラベルに振り分けます。そして、返信し終わったメールをすべてアーカイブ（保存）します。だいたい、７〜８割は画面から消え、２〜３割が、まだ作業中ということで「備忘録・メモ」に残されることになります。「備忘録・メモ」というフォルダ名に意味はありません。「集中ＢＯＸ」「重要」「一時保管」「要処理」でもいいと思います。

「ＴＯＤＯ」ラベルに入っているメールは、いつも1通だけです。

企画中・制作中の作品と、広告制作の仕事などを合わせると、15〜20件くらいのプロジェクトが進行していますが、プロジェクトごとに、やるべきことを分類して並べてあるだけのシンプルなメールを書きます。これを１日１回見直し、終わったものは消し、新たに加わったタスクを加える。これだけです。

このメールを、1日1回、自分に対して送ります。

やるべきことを一通のメールにまとめ、自分に送っておくと、しっかり記憶されますし、メモや手帳をなくしてあたふたすることはありません。

「TODO」というタイトルで検索すると、1年前、2年前に自分がしていた仕事を思い出すこともできる。自分の秘書を自分でやっているような感じです。

どんどん人の力を借りる

鈴木さんの場合、企画や宣伝戦略、そしてスタジオやジブリ美術館の長期計画まで、じっくり考えなければならない重大案件が山積しています。

鈴木さんがすごいのは、取材や来客、スタッフとの会話のなかで、平然とそうした重要な決断に関する悩みを口にしてしまうところです。相手がどういう人であろうと関係ありません。

「いま、こういうこと考えているんですけどね……どう思いますか？」

と聞いてしまう。相手も、重要なことを相談されたら、悪い気はしません。その場でアドバイスをくれる人や、後日具体的な提案をしてくれる人もいる。そして相手の返答のなかから、自分が、「これ」と思ったアイデアや方法を頭に留め置いたまま考え続け、ある時点から一気にスピード感をもって実行してゆく。

これも、本書のテーマである「自分を捨てる仕事術」につながります。

自分の殻に閉じこもり、長時間自分のなかで考え続けていても、ひとりの人間が考えることには限界があります。何カ月考えても、堂々めぐりになっていることのほうが多い。

重大な決断事項こそ、ひとりで考えずに、たっぷりとした時間のなかでさまざまな人の意見やアドバイスを聞きながら検証するというのが、鈴木さんのやり方です。

ぼくも、人と話すことによって、人の力を借ります。いまぼくが所属しているスティーブンスティーブン／クラフターという会社の社長である古田彰一社長は、優れたコピーライターであり、クリエイティブディレクターでもある言葉の達人です。判断に迷うことがあったときは、真っ先に古田社長と話し、思考を整理します。雑談を交えながらあっというまに1～2時間がすぎ、必ずなんらかの結論が出ます。結論が出たら、ふたりでそれをどうやったら具体的に実行できるか、役割分担を決めます。「話して終わり」にはしません。

若い人の力を借りる場合は、その企画やアイデアを考える過程も含めて、いったん任せ、自分の考えや意見は極力言わないようにします（これが難しいのですが）。若いスタッフと対するときこそ、意識して「自分を捨てる」「ゆだねる」ようにしているのです。

やる気がある若者は、すぐに何案かアイデアを考えてきます。たいていは「まだまだだな」と思うアイデアですが、そのなかに「なるほど、そういう視点があるのか」と思わせてくれるものが含まれているものです。一度完全に任せるからこそ、きらめくアイデアの片鱗《へんりん》が出てくるような気がしています。

スピードと熟考のメリハリ

鈴木さんは常に忙しく、迅速に動いているように見えながら、本当に重要なことについては、なかなか結論を出しません。

いろいろな人に意見を聞き、徹底的に分析をして、答えを出さなければならないときがくるまで待っています。そのあいだは、雑務をこなしたりして、仕事の総量を減らしています。

そして、時がくると、決断を下すのです。決断の瞬間しか見ない多くの人にとっては、鈴木さんの思考は即断即決に見える。

宮崎さんもそうです。作画作業など、自分が得意とする仕事はものすごく速いのですが、気になっているところや、こだわりたいところは、何日も何日も時間をかけて、なかなか結論を出しません。まわりはやきもきしますが、そのあいだも膨大な仕事をこなし、少しでも考える時間をつくり出し、思考がまとまるのを待っている。

せっかちであればあるほど、逆説的にじっくりと事と向き合う根気を身につけないと、いい仕事はできないことをふたりから学びました。

鈴木さんの速度に対応してきたせいか、仕事のスピードだけは自信があります。しかし、鈴木さんのもとを離れて10年近くが経ち、再び仕事をするようになってからも、スピードを評価されることはまったくありません。「そんなこと当たり前だ」という顔です。

鈴木さんにほめてもらえるのは、時間をかけてじっくり考えたときだけなのです。

「お前はまだまだだ」

という声が、いまも聞こえてくるようです。

8

「本質」の見つけ方

いちばん大切なことを見失わないために。

うそをつくな

鈴木さんは、よくこう言っていました。

「看板に偽りありの宣伝が多すぎる」

ほかの映画の予告編を観て鈴木さんは、「これってさ、こういう映画じゃないよね」と言いながら、自分なりのコピーや宣伝、予告編案を考えていました。

鈴木さんの、「宣伝のコツ」でもっとも大事なこと。それは、

「うそをつかない」

ということです。

宣伝は、映画の中身を偽りなく伝えるものでなければならない。予告編につられて観に行ったら、全然違う映画だった……という経験はだれにもあると思いますが、たとえ映画の本質とは関係のない予告編で釣っても、絶対に口コミで広がらな

いのです。

作家は犯罪者、プロデューサーは刑事

鈴木さんほど作品について、知ろうとするプロデューサーはいません。作品に深く潜り、作家が作品に隠したメッセージを掘り起こし、言語化する。作家本人すらわかっていない「本質」を作品のなかから引きずりだすのです。

鈴木さんはよく「作家は犯罪者で、プロデューサーは刑事のようなもの」だと言っていました。

「世の中には、本音と建て前というものがある。そして、多くの人は、本音を隠して建て前で生きている。物事がうまくいかないときの原因は、この『建て前』を額面どおり受け取って対応してしまうからなんだ。石井は相手の言ったままを受け止めすぎる。相手が言った建て前の裏に、どんな『本音』が隠されているのかを見抜

けるようにならなければダメだぞ」

そして鈴木さんは、こう言いました。

「いい？　作り手っていうのは、本当に自分が描きたいことを作品のなかに隠しているものなんだ。でも、それが観客にとってはいちばん観たいものだったりする。それを見抜く目を持たなければ、プロデューサーはできないよ」

鈴木さんの、「本質を見抜く技術」を、目の当たりにしたのは、『千と千尋の神隠し』の予告編をつくるときでした。

歴史的大ヒットの背景には、宮崎駿という希代の作家が作品に込めたテーマを見抜き、宣伝を通して世に送り出した、鈴木さんの戦略がありました。

ぼくは、企画の始まりから完成、そして世界に作品が届くまでを眼前にする機会を得ました。それを書くだけで紙面がいくらあっても足りませんが、いつを境に『千と千尋』が、国民的映画になり得たのか……と問われれば、必ず思い出す瞬間があります。

アニメーション映画は、監督や演出家が、脚本をもとに、絵コンテというものを描きます。映画の画面を、４コマ漫画のように、１カット１カット時間軸にそって記した、映画の設計図です。

『千と千尋』の絵コンテが完成してすぐ、鈴木さんの事務所で、作品の内容を集中して分析することになりました。

鈴木さんは、絵コンテをビデオ化したライカリール（ビデオコンテ等と呼ばれます）というものをつくり、関係者で徹底的に分析してその作品の本質を探ろうとします。当時、ライカリールをつくるのはぼくの役目でした。

ライカリールを観終えたあと、鈴木さんはぼくに、物語の構成をホワイトボード上に書かせ、映画を大きく前半部と後半部に分けて分析し始めました。

『千と千尋の神隠し』の主人公はだれか

『千と千尋の神隠し』は、大きくふたつの物語によって成り立っています。

前半は、湯屋で働くことになった千尋《ちひろ》が、河の神さま（オクサレさま）の汚れを癒やすという、ひとつの大きな仕事を成し遂げるまでのお話。

後半は、「生きる力」を取り戻した千尋が、ハク、カオナシ、坊といった現代社会の病巣を象徴化したようなキャラクターを、それぞれの解放に導き、自身も元の世界に戻ってゆくお話です。

前半部を象徴する言葉としてすでに世に出ていたのが、このコピーでした。


「トンネルのむこうは、不思議の町でした」

異世界に迷い込んだ10歳の少女千尋が、名前を奪われ、「千《セン》」という名で働くことになるまでの「導入部」を知ってもらう、というのがこのコピーの目的でした。

千尋がいままでの宮崎監督作品の主人公とは違い、愚鈍で覇気のない現代っ子だということ。「千」とは、湯屋における千尋の名であるという、作品タイトルの由来を知ってもらうことを主眼としたポスターと、第一弾の特報が劇場で上映されていました。

それでは宮崎さんは後半のどこに、もっとも主眼をおいて描いたのか。

映画からは、作家の観念や情念を読み取ろうとするのではなく、ただ具体的に何が描かれているのかのみに刮目《かつもく》すると、作者が何をやりたかったのかが見えてくる、と鈴木さんは言いました。

「この映画の、主人公ってだれだと思う？」

「それは……、千尋ですよね」

「それは当たり前。映画というのはね、メインの主人公以外に、作り手が自分を投影しているキャラクターがいるものなの」

「う〜ん、ハクですかね？」

「本当にそう思う？」

鈴木さんは、絵コンテのなかのキャラクターの登場回数を数えるように、と言いました。

当然、いちばん登場回数が多いのは、主人公である千尋でした。ですが、完成した絵コンテから、一体一体、キャラクターの登場数をカウントし、驚きました。もっとも登場回数が多かったのは、ハクでも、湯婆婆《ユバーバ》でもなく、カオナシだったのです。

「やっぱりね」

予想どおりという顔でうなずきます。

「カオナシは、宮さんなんだよ。ハクとかね、美少年を出すでしょ、あれはごまかしなの」

本編の後半、もっとも多く登場するキャラクターは、カオナシだった。前半、颯爽と登場した美少年ハクは、湯婆婆の密命を受けて外の世界へ出てしまっており、千尋との交流にさほど時間は割かれていませんでした。

鈴木さんとぼくは、カオナシと千尋の出会い、その後を具体的に状況描写だけで整理してゆきました。

・出会い

カオナシと千尋の出会いは、千尋がハクに連れられ、湯屋へと通ずる橋を渡るときでした。千尋はカオナシの存在に気づきません。カオナシは通りすぎる千尋を、じっと見守ったままです。

・再会

湯屋で働くことになった千尋は、豚に変えられた両親に会うため、皆が寝静まった日中に、再び橋を渡ります。

橋のたもとでじっと千尋を見つめるカオナシ。千尋は少し躊躇《ちゅうちょ》しますが、顔を合わせないようにして足早に走り去ります。いわばカオナシは、「無視」された格好。豚になった両親と再会し、再び湯屋へと戻る千尋のあとを、カオナシは音もなく追います。

・会話

湯屋で働き始めた千尋の前に、カオナシは再び姿を現します。

千尋は、雨に打たれて立ちつくすカオナシにはじめて話しかけ、湯屋のなかへと招き入れます。

・貢ぎ１

再びカオナシが姿を現すのは、千尋が意地悪な番台蛙と押し問答している現場です。大釜をきれいにする薬湯を使うための木札が必要ですが、意地悪な番台蛙は渡してくれません。困っている千尋のために、カオナシは姿を消し、千尋に木札を与えます。喜んで礼を言う千尋。

・貢ぎ２

無事、薬湯を使うことのできた千尋の前に、カオナシは再び現れます。今度は、さらに大量の木札を持って。千尋は「そんなにいらない」と受け取りません。カオナシは悲しげな顔をして消えてゆきます。

・新たな貢ぎ物

河の神さまの汚れを癒やしよみがえらせるという大仕事を成し遂げた千尋。その背後に、カオナシの姿が。河の神さまの残した砂金を我先にと奪い合う蛙男たちを見たカオナシは、自分の手のひらをじっと見つめ、再び姿を消します。金が、この世界で重用されているものだ、と知ったのです。

・放蕩三昧

湯屋の従業員にとって金が貴重なものだと知ったカオナシは、青蛙をのみ込み、彼の口を借りて（カオナシは、のみ込んだ相手の声を借りてしか話すことができない）湯屋のなかで放蕩三昧を始めます。

・貢ぎ3

そのころ、ハクを救うためにひた走っていた千尋にカオナシは金の山を差し出します。千尋はそれを拒否し、ハクのところへ走り去ります。悲しげな顔から一転、カオナシは我を失い、まわりの従業員をのみ込み始めます。

・キレる

暴れ狂うカオナシは、自分の前に千尋を連れて来るよう要求します。再び物を差し出して千尋を飲み込もうとするカオナシを千尋は敢然と拒否し、彼を諭します。我を失い、千尋を飲み込もうとするカオナシ。千尋が河の神さまからもらったニガダンゴをカオナシに飲ませると、彼はいままで飲み込んだものを吐き出しながら、千尋を追います。

・**沈静**

すべてを吐き出しておとなしくなったカオナシを、千尋は電車に乗せてやります。カオナシは元のおとなしい姿に戻り、千尋のあとについてゆくばかり。

・**居場所を見つける**

カオナシは、湯婆婆の双子の姉である銭婆《ゼニーバ》の手伝いをすることになり、自分の居場所を確保するのでした。

鈴木さんの目は爛々《らんらん》としていました。それはまさに、真相に近づこうとする刑事の目そのものでした。

鈴木さんは言いました。

「カオナシはストーカーだよね。でも、宮さんは、そういうキャラクターにも、千尋のような相手との出会いがあれば、存在できる場所があるってことを言おうとしている。カオナシは宮さんであり、現代の多くの若い人そのものなんだ。次の予告編は、主題歌に乗せて、千尋とカオナシの出会いから暴走までをつなごう！」

鈴木さんの言葉を聞きながら、ここ十数年、この国で起こったさまざまな事件が頭をよぎりました。

「ストーカー」や「ひきこもり」といった現代人の抱える問題には、すべて病名がつけられ、正常な人とは異質なものとして隔離されます。しかし、そういった性質は我々が等しく持つものなのではないか。

千尋はカオナシを忌み嫌わず、対等に扱い、彼を諭しました。そのことによってカオナシは、元のおとなしい姿に戻れたのかもしれない。それを丸ごと描くこと。それがカオナシを通して我々に伝わってくるメッセージだったのです。

この日から鈴木さんは、千尋とカオナシを主眼とした宣伝を推し進めてゆきます。

「作品の本質」を宣伝コピーにする

「みんなのなかに、カオナシはいる」

宮崎さんの発言をヒントに鈴木さんが生み出した言葉です。ぼくは、これこそが真のコピーだと思いました。

鈴木さんは、主題歌に合わせて、千尋とカオナシの出会いから結末までを、あらゆる媒体で露出しました。

鈴木さんの「カオナシ宣伝」がなければ『千と千尋の神隠し』は、10歳の少女が生きる力を呼び覚ます物語として、ファミリー層中心の興行になっていたに違いありません。

ですが、カオナシという現代的なキャラクターと向き合い、解放する千尋の姿を宣伝に織り込むことにより観客層は広がり、同時期の対抗作品であった、スティーブン・スピルバーグ監督の『A．I．』ほか、多くの大作を押さえて日本映画の歴史を更新したのです。

本質を必ずあぶり出す

鈴木さんとは仕事が終わったあと、よく一緒に映画を観ました。古今東西の名画、東映のヤクザ映画から、フランス映画までジャンルはさまざま。

鈴木さんと映画を観たあとよく聞かれたことです。

「この映画をつくった人は、何が言いたかったの？　何をやりたかったの？　テーマは？　言いたかったことは何？」

当初は、「おもしろければいいじゃないか」と思いながら、鈴木さんの話を受け止めていました。「言いたいこと＝テーマ＝作品の本質」というのが、よくわからなかったのです。

でも、実際に作品をつくる立場になると、言いたいこと、伝えたいことがなければ、何もできないと気づかされます。

映画や物語だけにかぎりません。すべての仕事には、何か伝えたいこと、やりたいことがあり、それをさまざまな表現手段でだれかに伝えている。

すべての商品と宣伝に言えることですが、

・だれが
・どういう目的で
・だれのために

その商品をつくったのかという本質を把握していなければ、その商品の真の魅力を人に伝えることはできません。

この3点を短い言葉で書きとめ、自分のものにすることが、ぶれない、そしてうそのない宣伝や営業をする近道です。企画を立て、プロジェクトを進行するときも同様です。

失敗の原因は、「本質」を見失うこと

宣伝コピーを考えるときだけでなく、鈴木さんは、

「本質がなんだったかを考えろ」
「シンプルに考えろ」

と言い続けていました。それは、いまでも変わりません。

作品の「本質」が作家の言いたいことだとすると、仕事の本質は、「真の目的」と言い換えられるのではないでしょうか。

どんな仕事においても、「本質」の喪失こそが、もっとも恐ろしいことです。

チームや取引先とのあいだで「本質のずれ」が起こった場合、一刻も早く本来の目的に立ち返り、軌道修正をする必要があります。

ものづくりのときだけでなく、人と会ったり、打ち合わせにのぞむときも、必ず自分に問います。

この打ち合わせの目的はなんなのか。
自分は、どういう立場で打ち合わせに出席するのか。
打ち合わせ相手はどのような立場と目的で同席しているのか。

本質さえ明確にしておけば、ひとつの打ち合わせにしっかりした意味が宿ります。

本質に立ち返るための「予備費」を取っておく

本質を見失ったことに気がついたとき、原点に立ち返る、ということが重要です。映画制作においては、原点に立ち返らなければならないケースがよくあります。それまでつくってきたシナリオをつくり直すこともあれば、編集後、意味が伝わりにくいのでカットを修正することもある。

ぼくは監督やスタッフに内緒で、予備の制作費とスケジュールを確保しておくようにしています。「本質に立ち返るための予算」を持っておくのです。

せっかく本質が何かが見えているのに、立ち返るためのスケジュールや予算がないのは、つらいことです。そして、ぎりぎりまで粘る最後の詰めの作業が、作品の質に大きく影響する。その予備費は絶対キープしておきたい。

予備費やスケジュールが余ることはほとんどありません。だいたい、すべて使ってしまいます。この、予備費を使いきった瞬間こそが、だれにも言えない、プロデューサーとしての密かな達成感を得られる瞬間なのです。

第３章

［実践編］

自分を捨てると人が見える

1

人間関係のトラブルをどう解決するか

「本当に解決すべきなのか」という視点を持つこと。

「人」というもっとも厄介なトラブル

この生業をしていると、仕事の半分はトラブル対応です。

情報伝達がスムーズにいっておらず、制作進行が滞っているとか、予算が超過しそうなので、いまの体制では難しい……といった、プロなら当たり前のように対応しなければならないことがほとんどですが、もっとも難しいのは「人」だと思います。

制作も順調、トラブルもなく、今回こそは完璧に近い形で仕事ができる……と思っていたときにかぎって、メールや電話が鳴る。

「石井さん、ちょっと相談があるんですけど……」

たいていは、現場での人間関係、プライベートの悩みです。

ときとして精神的な病を抱えてしまったスタッフが、常軌を逸した状態で駆け込んでくることもあります。

ぼくは昔から、人と雰囲気が悪い状態が続くことが嫌いでした。

無論、そんな状態が好き、という人は少ないと思いますが、子どものころから「嫌いな相手や、トラブルのもとになる相手のところに飛び込み、相手と向き合って早く解決してしまう」ということが正解だと思っていました。

いまもそういうところはあって、何か問題があると、積極的に顔を突っ込み、仲を取り持ったりすることは、それほど苦ではありません。

ですが仕事は、子どものケンカのようにはいきません。百人のスタッフがいれば、百とおりの正義があり、すべてに対して前向きな道筋を見出すことは難しい。

そして、何よりも、

「本当にそれは、解決すべきことなのか？」

という視点を持つことの重要さを、鈴木さんから学びました。

焦って解決せず、まずは聞く

あるとき、鈴木さんが言いました。

「スタッフがさ、宮さんとか、おれとか、石井になぜ相談に来ないかわかる？」

ある先輩の話題でした。

その先輩は、徹底的な客観主義者。いつも他人事で、身体を張って問題を解決しようというタイプではありませんでした。

高畑さんが、本編の制作体制に関する問題で抗議しに来たときに、その先輩が若手のぼくらを矢面に立たせ、顔色ひとつ変えずにパソコンに向かい続けていたときのことを、いまも思い出します。

でも鈴木さんは、その先輩から学べ、と言うのです。

不思議と、スタッフは彼のところへ相談にやってきます。だれよりもスタッフのために働いている、という自負があったぼくは、それが不満でした。

「それはさ、あいつが、解決しないからなんだよ」

解決しない？
そんな人になんで相談するんだろう？
ぼくが目を丸くしていると、鈴木さんはニヤニヤしながら、続けました。

「人はさ、多くの場合、問題を解決したいって思っていないんだよ。解決しちゃうとさ、その人にも責任が生まれるでしょ。自分が動かなきゃならない。だから、何も解決せずに、聞いてくれる人が大事なんだよ。宮さんとかおれとか石井とかさ、すぐ解決しちゃうじゃん。解決されたら困るの！」

相手の話を、大きな紙にメモする

鈴木さんの机の上には、いつもA４用紙が積まれていました。相手が話し始めると、おもむろにペンを取り、その言葉を書きとめ始めます。

これには、ふたつの効果があります。

ひとつは、相手の信頼が得られるということ。ただ「ふんふん、なるほど」と聞くだけよりも、わざわざメモを取ることで、自分の話を真剣に聞いてくれているという信頼を得ることができます。

もうひとつ、よりすごい効果があります。

それは、相手の真剣度を測れる、ということです。

相手が、愚痴、だれかの批判、告げ口、ときには情報操作のために来ている場合、そのメモは当人にとって不利な「証拠」です。特にそれが個人的なノートではなく、人の目に触れる可能性のあるコピー用紙であればなおさらです。

メモを取り始めると、急に語気が弱くなり、モゴモゴとなってしまう場合、その内容は必ずしも真実ではないことがわかる。もちろん、物事に本当の真実なんてものは存在しませんが、少なくとも相手にとって都合のいい話なのだ、ということが見えてくる。

相手の言葉を受け止めすぎると、自分も傷つきますし、相手をどんどん主観的にしてしまいます。メモに取り、常にそれを相手の目の届くところに置くことによって、客観性を維持することができる。

メモを取れなかったり、電話などの場合は、相づちを打ちつつ、タイミングを見計らって、相手の意図を「自分はこう思った」という感じで復唱します。

「○○さんは、この件に関してこう思っているんですね」

本当に解決してほしいと思っている人は「そうなんです」とさらに具体的な話をしてきます。そうではない人は「いや、そういうことじゃなくてですね……」と話題を変えたりする。後者の場合は、そもそも相手が解決したいと思っていないわけですから、話を聞いてあげるだけでいい。鈴木さんはこの辺の引き出し方が、抜群にうまいのです。

ぼくも、相談ごとを受ける場合は、ノートではなくA４の紙を持ってきて、わざと相手が見える場所に置き、書き出しながら話を聞きます。相手もチラチラとその紙を横目で見ながら、自分がいま何を話しているのかを客観視できる。

たまに話が終わると、

「その紙、ください」

と言われることがあるほどです。

相手の話を聞くということは、相手の脳内を整理することでもあるのです。

このとき、自分の主観や意見をそこに差し挟んで相手と向き合ってしまうと、問題は解決しません。精神療法の基本は、相手の話を聞き、相手のなかの「気づき」を促すという点にあると言いますが、スタッフと向き合う場合も、そこに尽きると思います。「自分を捨てて聞く」のです。

解決策を相手に言わせる

人的トラブルが発生したときに重要なのは、解決策や代案を、先に言わないことです。

相手の話を聞きながら、代案や解決策に関係のあるポイントを、ずっと探しておきます。そして、ある程度相手がしゃべりきったら、

「いまのあなたのお話を伺いながら、ひとつ解決策を思いつきました。あなたのおかげです。こう思うのですが、いかがでしょうか?」

と、解決方法を、相手によって思いついたように提案する。鈴木さんは、意識的か無意識的か、いつもこうやってトラブルを解決していました。

宮崎さんは天邪鬼《あまのじゃく》なので、こちらが提案したアイデアに対しては即、「違います」と言います。でも、

「ああ、宮さんがいま言った方法なら、いけるかもしれませんね」

という言い方を鈴木さんはする。すると、「そうそう、そうなんですよ！」と宮崎さんは喜ぶ。その後は、本人が解決策を見つけて、先に進んでくれるのです。

さらに重要なのは、「解決しない場合もある」ことをふまえてのぞむ、ということです。

トラブルに対応するのは、勇気とエネルギーがいります。でも、結果を求めすぎるとうまくいきません。最終的には、どうなってもかまわない、という覚悟をもっ

てのぞめば、ウジウジ悩んで事態を悪化させるよりもずっとよい結果がもたらされるのです。

鈴木さんの座右の銘に、

「どうにもならんことは、どうにもならん。どうにかなることは、どうにかなる」

という言葉があります。あるお寺に貼ってあったそうなのですが、鈴木さんの生き方の本質は、まさにこの言葉に集約されていると思います。

可能なかぎりの手を打ったら、あとは時が解決してくれるのを待てばいいのです。

②

謝り方で「信頼」を勝ち取る

謝罪には、実はエゴが出やすい。
自分のために、謝ってはいけない。

何度も謝るな

ある作品の脚本制作中のことでした。ぼくは当時、プロデューサー補という立場で、スタッフに脚本会議の日時と場所を連絡する仕事をしていました。

脚本会議には、キャラクターデザイナーが同席することがあります。アニメーションにおいて、キャスト＝俳優は手で描いたキャラクターです。監督、脚本家、プロデューサーと共に、ストーリーを組み立てながら、キャラクターのイメージをつくってゆくのです。

当日、キャラクターデザイナーと連絡がつかず、会議が始まりました。何度か携帯に着信があったのですが、登録していない番号だったので、営業電話かと思い、無視していたのです。30分後、インターホンが鳴り、ドアを開けると、キャラクターデザイナーが真っ赤な顔をして立っています。

「あれだけ電話したのに、なんだ！」

ぼくは電話に出なかったことを謝りましたが、彼の怒りは収まりません。そもそも、会議の連絡自体を怠ったということにまで怒りは及びました。ぼくとしては、事前に何度も連絡をし、返信がなかったので多忙なのかと思っていたのですが、激高している彼は聞く耳を持ちません。

打ち合わせが始まりましたが、険悪な空気のまま。ぼくは何度も「すみませんでした」「申し訳ありませんでした」と繰り返しましたが、彼は許してくれません。その様子を、鈴木さんはじっと見ていましたが、大きな声で、こう言いました。

「石井、何度も謝らなくていい。○○（キャラクターデザイナーの名前）！　お前もいい加減怒るのはやめな！」

鈴木さんの一声でその場は収まり、会議は終わりました。

週末、鈴木さんからメールが届きました。

「どうすべきだったか？」というタイトルでした。

何がって、土曜のこと。〇〇くんが怒った件。考えてみた。

まずは、携帯がかかってきたとき、どうするか。

出るか出ないかは、そのときの話の内容次第。あの場合は、
1．〇〇くんに携帯の番号を伝えてあったのだから、想像力を働かせるべきだった。
2．電話に出る場合は、別の部屋に行く。
あのとき2度目の電話があった。その場合は、出るべきだった。なにしろ、同じ人からかかってきた可能性が大きい。

自分の想像力のなさを恥じるべき。

それと出ないと決めたときは、あらかじめ電源を切る、これも大事だと思います。

それと日頃から、みんなが携帯をどう使っているか、観察もするべし。

それと謝り方。あのとき、〇〇くんはかなり怒っていた。

君は何度も謝った。

これは最低。

相手がどのくらい怒っているかは見極めて謝るべし。それも、１回で終わるように。

これ、訓練だからがんばるべし。つまり、相手の怒りの沈静を待つというやり方もあるのだ。

呼吸を勉強すべし。

謝ることもエゴイズムだと心得よ

こんなことにまでメールをくださっていたことを思い出すと、涙が出ます。

自分の怒りを10段階にコントロールしろ、という鈴木さんの教えは前述しました。

では、相手の怒りとはどう向き合うべきでしょうか。

先のメールの後半で鈴木さんは、

「何度も謝らず、一度の謝罪ですませるように。相手の怒りの沈静を待つことも重要だ」

と言っています。

この教えを、いまのぼくなりの言葉で表現すると、「自分のために謝るな」と言えると思います。

人を怒らせてしまったとき、だれかが思わぬ形で、自分に怒りを抱いていると知ったとき、激しく動揺します。

若いときは、その状態がとてもいやでした。嫌われたくない、誤解を解きたい、敵をつくりたくない。そうした不安に耐えることができず、ぼくはすぐ行動に移していました。その人のところに謝りに行ったり、メールを送ったり、電話を何度もかけたり。もちろん、そうした誠意が通用することも多いので、迅速かつ誠実に謝るべきなのですが、相手の怒りが収まらない場合、それがかなわないことも多い。

こういうときぼくは、「自分のエゴのために謝っていた」のです。自分が悪い人間だと思われたくない。変な噂を広げられたくない。この、不安な状況から解放されたい。でも、本当に事態を冷静に見極める目を持っていれば、「待つ」という選択肢もあり得たはずです。

思い起こせば、鈴木さんは常にそうでした。決して感情的にならず、仮にだれかが怒っている状況下においても、取り乱さずに事に当たる。相手の怒りが収まるまで、じっと待つ。

ぼくのように、誠実に相手に対して向き合っていると「思いたい」人間は、実は自己中心的なのだということを、最近身にしみて感じます。

メールや電話で謝らない

鈴木さんは、謝り方についても教えてくれました。

メールや電話で謝らないこと。

必ず電話でアポイントメントを取り、会って直接、相手の目を見て頭を下げること。

「謝るときは、本気で謝らなければならない」

鈴木さんはよく、そう言っていました。

「会って謝ることのメリットってわかる？　人は、面と向かったら、怒りを相手にぶつけられないものだよ。その隙を突いて、本気で謝る。相手の目を見て、1回。真剣勝負。それで許してもらえなかったら、時間をおくしかない」

作品の制作中、監督やスタッフの怒りを買ってしまったことが何度かありました。鈴木さんの教えどおり、仕事場や自宅まで行き、玄関前や喫茶店で、そこまで考えに考え抜いた謝罪の言葉を一発勝負で伝えました。

会って謝って、許してもらえなかったことは一度もありませんでした。一方、失敗も数多くありました。その多くは、メールや電話で謝罪をすませようとしたケースだったように思います。

編集者だった鈴木さんは、多くの作家との付き合いがありました。鈴木さんの若いころは、メールも携帯電話もありません。相手を怒らせてしまったときや、連絡が取れなくなったとき、その人の家で待つしかない。「家の前で待つ」ということには意味があって、「こんなに長い時間、自分のために時間を使ったんだ」という気持ちが伝わるのだ、と鈴木さんは言いました。

「自分がどれだけ申し訳なく思っているかは、相手に伝わらない以上、関係ないし、意味ないんだよ」

ぼくは、会社の若いスタッフに、「すみません」や「以後気をつけます」という言葉を安易に使うなと言っています。日ごろから謝ってばかりいる人は、謝罪の意思が軽くなります。簡単に謝れないと思えば、相手を怒らせないように、もっと考えるようになる。

そして、安易に謝らない人が本気で謝ったとき、相手から本当の信頼を得ることができると思うからです。

すぐに謝るスタッフは、反省も少ない。以前「ホントスミマセン」と謝るクセのある若者がいて、「ホントスミマセン禁止令」を出したことがあります。「ホントスミマセン」という言葉のなかには、重さも、誠意もありません。「このマイナスな状態から早く『自分が』逃れたい」という利己的な感情だけがそこにあります。

失敗をして、恥ずかしい思いをして心から謝罪をする。

この繰り返しが、学びになるのだと思います。

鈴木さんという師匠のもとで、あらゆる失敗を許してもらいました。

大きな失敗をして、ものすごく怒られた日のことも、いまだ痛みをもって思い出します。鈴木さんは、どんなに怒っても、翌日からはいつもどおり接してくれました。

ものすごく時間がかかるのですが、自分のやり方にこだわる若手に対しては、徹底的にそのスタイルを壊す必要がある。

「ホントスミマセン」を連発していたスタッフは、数多くの失敗を繰り返して、徐々に1本の作品を任せられるようになってきています。

3

事実をそのまま伝える大切さ

正確に伝達するだけで、回避できるトラブルがある。

「善意のうそ」をついてはいけない

あるスタッフが、宮崎さんのところに届いた果物を、勝手に広げて周囲のスタッフに配ってしまったときのことです。

鈴木さんは烈火のごとく怒りました。たかが果物で？　と思う人もいるかもしれません。そのスタッフは、宮崎さんは仕事に集中しているし、傷んでしまう前に皆に配らなければ……というような説明をしていたように記憶しています。ですが鈴木さんは言いました。

「なぜ君にそれがわかる？　宮さん宛てに届いたものを本人に知らせないなんて、絶対にダメだよ」

この姿勢は、仕事においても一貫しています。

ジブリには日々、多くの取材や問い合わせがありました。その大半は、宮崎さんへの取材や、さまざまな活動への協力依頼。多くは、門前払いしてもいいような内容なのですが、鈴木さんは宮崎さんに直接確認をとらずに断ることを、とてもいやがりました。

「断るか、受けるかは、宮さんが決めることだよ。勝手に判断して情報を遮断しないこと。それは『伝える』仕事を放棄しているってことでしょ。ちゃんと責任を果たし、決断は宮さんにさせなきゃダメ。宮さんを裸の王様にしないで」

情報を預かった人は、正確にその情報を相手に伝える義務がある。
だれも傷つかないようにうまく立ち回ろうとして、Aさんにはこう言い、Bさんにはああ言う、というその場しのぎの対応をしてしまう人が多い。でも、そういった「善意から生まれるうそ」は必ず、後々問題を生みます。

情報を正確に伝えるだけで信頼を得られる

高畑さんにあるとき、こう問われたことがありました。

「ぼくがなぜ、演出になれたかわかりますか？」

表現にまつわる知識や経験、そして才能。
さまざまな答えが頭をよぎりましたが、うまく答えられませんでした。

「ぼくがね、東映動画でだれよりも、人から人に、何かを伝えるのが正確だったからなんです」

若き日、演出助手だった高畑さんは、監督や各所の責任者、音響スタッフや現像担当に至るまで、あらゆる部署の連絡役でした。その際に心がけたことは、演出内容や各種の情報を、正確に伝えることだったというのです。やがて演出家から「高畑に言えば、ちゃんと物事が伝わる」という評価をもらうようになり、どんどん仕事を任されるようになったのだそうです。

高畑さんは、アニメーターではありません。画を使って自らのイメージを伝えないぶん、言葉によってクリエイターに明確な指示を与える天才です。物事を正確に伝えてこそ、本当の仕事ができるということを、鈴木さんも高畑さんも宮崎さんも、常に重要視しています。

忘れられない出来事があります。

鈴木さんのアシスタントになって間もないころ、『千と千尋の神隠し』の宮崎さん直筆の企画書を、テキスト化するという仕事を任されたときのことです。

大役に興奮したぼくは、手書きの文章をテキスト化するに当たり、数カ所、改行の仕方を変えたのでした。「そのほうがよいと思ったから」という理由でした。ところが期待に反して、烈火のごとく怒られました。

日比谷の帝国ホテルの喫茶室でした。店中の人が腰を浮かすほどの大声で、こう怒鳴られたのです。

「石井がいいと思うかなんて、なんの関係もない！ これは宮さんの書いた企画書なんだから、いかに忠実に、そのまま写し取るかに力を注ぐべきだ！」

よいことも悪いことも、正確な情報として伝える。

それを続けていると、「あいつに話せば、ちゃんと伝わる」「彼に相談すれば、間違いなく共有される」という信頼を獲得でき、大きな仕事を任せられるようになります。

この鈴木さんの教えは、いまも自分にとって、仕事に対する基本的な姿勢になっています。

4

よいチームをつくる

高いクリエイティビティーを実現する組織づくりの基本。

ダメな人はそばに置くけど、悪い人は置かない

鈴木さんのまわりには、個性的な人が多い。

人間的にも、仕事の進め方に関しても、偏った人がとても多いように思います。

ですが鈴木さんは、たとえどんなに優秀でも「悪い人」は絶対に近くに置きません。この場合の「悪い人」とは、自分の利益ばかりを考えている人、うそをついたり相手を利用したりする人です。

多くの組織では、「悪い人だけど優秀な人」が、いわゆる「不器用だけど誠実な人」よりも高い立場にいることが多いように思いますが、鈴木さんは違うのです。

ジブリと大企業の大きな違いは、ここに集約されていると言っていいかもしれません。


鈴木さんに、こう言われたことがあります。

「新選組をつくろうとしたらダメだぞ。能力がある人間だけを集めると、その人間同士が殺し合いを始める。どんな人間にも、特技と不得意なことがある。ダメなところに目を向けずに、仲間のよいところに目を向けなければダメなんだ」

鈴木さんは、ジュール・ヴェルヌの『十五少年漂流記』が好きです。各々、一長一短のある15人の少年が無人島でサバイバルするお話ですが、鈴木さんは、「皆が自分の持ったものを生かし、足りないところを補い合うから仕事はおもしろいんだ」と言っていました。

顔をしっかり思い浮かべる

プロデューサーという、多くのスタッフや関係者と向き合う仕事を通して、ぼく独自に心がけてきた方法論があります。

それは、プロジェクト自体を考える思考と切り離して、関わる人の顔をしっかり思い浮かべるということです。

たとえば、いま進行している8本の企画に関して、作品ごとに優先順位をつけたとします。どうしても、スケジュールが追っている作品や、規模の大きなプロジェクトが優先されてしまい、中規模、小規模の作品に対して考える時間が少なくなってしまう傾向にあります。

でも、それではダメなのです。

なぜなら、プロジェクトの大小にかかわらず、スタッフは各々、人生をかけて作品に向き合っています。彼らの真摯な仕事のおかげで、自分は食べていけます。

いつも、頭のなかに、いま、仕事で関わっている人の顔を思い浮かべます。あっというまに数十人から数百人になります。

その一人ひとりの顔を、感情という一点で見つめます。

満足そうな顔をしている人もいれば、不満そうな顔をしている人もいる。意気軒《けん》昂《こう》な人の顔もあれば、疲れきっていまにも倒れそうな人もいます。

顔を思い浮かべているうちに、問題が発生しそうな相手が見えてきます。不満な顔をしている人、疲れきっている人、何かよくないことを考えている人。そうした危機的状況にある人の顔が浮かんだとき、すぐに行動に移します。

本人に連絡を取って会い、話をして問題を特定します（これまで、問題がないことはありませんでした）。じっくりと話すなかで、問題を解決できるかどうかを一緒に考える。

プロジェクト全体で物事を考えてしまうと、こうした一人ひとりのスタッフや関係者の状況に目がいきわたらなくなり、気づいたときには取り返しのつかないことになっていることがあります。

仕事とはプロジェクトではなく、関わる人間の心そのものである。

この自覚が、ぼくの仕事にとってとても重要なことなのです。

いいチームが組めたとき

組織を束ねる者の信条として、鈴木さんに何度も言われたのが、

「自分から遠いスタッフほど、大事にしろ」

という言葉です。

鈴木さんが、地方の映画館の支配人と話をしているとき、ある有名なプロデューサーの話になったそうです。

そのプロデューサーはとても尊大な態度で劇場に訪れ、支配人以下スタッフを、まるで奴隷のように扱ったとか。その支配人がこう言ったそうです。

「絶対に、この男の作品はヒットさせないって思ったんだよ」

1本の映画には、1000人以上の方が関わります。

残念ながら、すべてのスタッフと毎日向き合い、話をすることはできません。忙しさにかまけて、スタッフと話す時間を失ってしまうことがある。そういうときこそ、トラブルは発生します。

自分がどれだけいいチームをつくれたかは、映画が完成したあとでなければわかりません。

完成後の打ち上げの場で、「また、一緒に仕事をしたい」とどれくらいの方に言っていただけるか。それに尽きるのです。

打ち上げが終わり、会場の片づけをしていると、一度か二度しか顔を合わせなかったスタッフが、片づけが終わるのを待っていてくれることがあります。

「楽しかったです。また一緒に仕事させてください」

そうやって握手を求めてもらえる瞬間のために、この仕事をやっているのだと心から思います。

5

他人の得意技を見極める

素質を見抜き、能力を言語化する。

人を見抜く力

これまで鈴木さんの打ち合わせに、いったいぼくは何回同席したのか。
仮に６年間、平日２５０日（土日祝日も一緒でしたが……）、１日平均４件の打ち合わせに同席したとすると、６０００回という計算になります。

ある打ち合わせでのことでした。映画関係の会社の方が来訪し、ぼくも同席をすることになりました。

話を聞いていると、どうも要領を得ない。話があっちにいったり、こっちにいったりして、焦点を結ばない。その方の会社のネットワークを使えば、テレビシリーズとして全世界で放映ができるとか、『となりのトトロ』がどうだとか……。鈴木さんは貧乏ゆすりをしながら聞いていましたが、相手の目を見て突然、言いました。

「それって、トトロのテレビシリーズをやらせてくれって話だろう。君は、なんの苦労もなしに、トトロを使ってビジネスしようというのか」

図星でした。相手はしどろもどろ。鈴木さんはピシャリと、

「そういうつもりはないから」

と答え、打ち合わせは終わりました。ぼくは鈴木さんの言葉ではじめて相手の真意がわかりましたから、ただただ目を丸くするばかりでした。

普通だったら、ここで関係は終了。もうその相手とはビジネスの話はしないでしょう。ところが鈴木さんの驚くべきところは、このあとです。

「あいつはまだ若い。何かやるかもしれない。おれは付き合わないけど、石井は連絡を取って、少し付き合ってみな」

と言ったのです。鈴木さんは決して簡単に人を切り捨てません。

相手を見抜くためのトレーニング

鈴木さんの横で多くの人に会い、鈴木さんの「人を見る目」を一生懸命真似ようと努力したことで、ぼくも、初対面で相手がどういう人かはわかるようになりました。成功率１００％とはいきませんが、８割がたは当たっている自信はある。

方法はシンプルです。相手に会うときに、極力先入観を捨てて、ただ相手の話した内容、用件、そして表情の変化などを観察するだけです。

観察しながら、相手の目的を探ります。

「この人は、なんの目的でここにいるのか」
「この人は、なんの目的でこの話をしているのか」

ただ、それだけをじっと見つめるのです。

すると、相手の狙い（ときにはずるさ）が浮かび上がってきます。

クリエイターの場合、事はシンプルです。アニメーター、背景美術スタッフなど、彼らの仕事は具体的ですから、仕事を見ればわかる。クリエイターに会うときは、作品を見ています。

わかりにくいのは、演出や監督、そしてプロデューサーだったりします。たいてい、話がうまいのに、中身が具体的でない人はダメです。人の悪口や、他者の作品の批判、言いわけが多い人も要注意です。

ぼくらの業界でよく語られる通説があります。

「打ち合わせのときによくしゃべるスタッフは、さっさと引き上げたほうがいい。一方、『できるかどうかわかりませんが、やってみます』という謙虚なスタッフには、任せてみる価値がある」

自信がない人ほどよくしゃべる。逆に腕に覚えがある人ほど、謙虚だという真言は、すべての業界に当てはまるのではないでしょうか。

いい出会いとは何か

先日、たまっていた名刺を整理したら、大きめの段ボール2箱があふれました。日々たくさんの人と会いますが、決していい出会いばかりではありません。まったく実にならない話が続くことも多いし、しょっちゅう「いい話です」とこちらの時間を取るのに、一度も仕事が成立しない人も多い（同世代に多いのが困りものです）。

では、いい出会いとはなんでしょう。

ぼくには明確な基準があります。

相手が気が合う人かどうか、楽しい打ち合わせか否かはどうでもいい。

「仕事が生まれたら」よい出会い、よい打ち合わせ。
「仕事が生まれなかったら」課題の残る出会い、打ち合わせ。

これがぼくの「よい出会い」「よい打ち合わせ」の判断基準です。

「1打ち合わせ、1仕事」

と考えて、打ち合わせにのぞみます。映画の仕事は特にそうですが、スタートがうまくいきそうでも、いろいろな理由で頓挫《とんざ》してしまう企画も少なくありません。すべての仕事は、まずはゼロから1にしなければ、「無」です。どんな打ち合わせでも、どこか、ゼロから1を生み出すきっかけをつくることを心がけています。

時間をかけて「得意技」を見極める

鈴木さんはなぜ、21歳だったぼくをアシスタントに選び、ここまで徹底的に教えてくれたのか。それは、ぼくに特別な能力や才能があったからではありません。

鈴木さんは、居場所がなくなったスタッフや、変わり者を育てるのが好きでした。

鈴木さんに近づきたくて、夜な夜な、鈴木さんの会議室にコーヒーを出しに行っていたことは前述したとおりですが、そのときたまたま鈴木さんのパソコンがフリーズしたのを、直したことがあったのです。

「君、こういうの詳しいんだね。じゃあこれから毎日、短くていいから、おれにメールで、パソコンの基礎知識について送って」

このメールは2年間、５００通以上続きました（１３０ページに紹介）。

鈴木さんはこのメールを毎晩読み、返信をしながら、制作進行失格になりそうだったぼくの、「得意技」を見極めていたのだと思います。

ぼくのような凡人は、人の悪いところ、ダメなところを見つけるのは得意です。

「あいつはダメだ」

若いころのぼくは、すぐそうやって相手を判断していました。でも、違うのです。**ダメだと思ってからが、その人との関係のスタートなのです。**

得意技を言語化する

野球好きの鈴木さんは、「おれは再生工場なんだ」と言います。「巨人軍じゃつまらない。全員が4番バッターであるチームで勝ってもおもしろくないだろう」と。

昔から、優秀なスタッフに囲まれていたわけではない。どちらかというと、落ちこぼれのスタッフばかりを当てがわれ、彼らをどうするかを考えて仕事をしてきたそうです。

よく「人の悪いところは見ずに、よいところを見ろ」と言います。これだけ多くの人が口にする言葉ですから、ある本質を言い当てている言葉であることは間違いないでしょう。

ただ、「よいところ」とはなんなのか？

「悪いところ」とは？

「彼は自己主張が強すぎて人間関係がうまくできないが、よい仕事をする」とか、「彼女は特別な能力はないけど、実直に仕事をするから」といった抽象的な表現では、具体的な仕事に落とし込めません。「よいところ」も「悪いところ」もきちんと言語化しないと意味がないのです。

「よいところ」「悪いところ」を言語化してはじめて仕事が具体的に実現する。鈴木さんは、「よいところ」を「得意技」と呼んでいました。

鈴木さんのこの言葉が、強く印象に残っています。

「人には、必ず『得意技』というものがある。いくつもある人も稀《まれ》にはいるが、だいたい、ひとつの得意技で勝負しているものなんだ。人を見るときは、それをなるべく具体的な言葉にしてみること。それによって、その人のよさを引き出すこともできるし、その人に無理な要求をしないですむからね」

得意技を言葉にするという教えは、習慣化することで仕事の成果に返ってきます。

たとえば、会議では全然発言もしないし、なんだか暗い雰囲気なのに、その後に送ってくるメールの議事録がとても正確でわかりやすい人がいます。

「○○さんの得意技は、議事録をわかりやすくまとめることだ」

とまず言葉にします。

そして、以降はこの人に、積極的に記録する仕事を任せるようにすれば、自分がやらなければならない仕事に集中できる。

こういう人は、対外的なコミュニケーションが苦手なぶん、無意識のうちに別な情報伝達手段を磨いてきたに違いない。ふだんそうやって必要とされることが少ないので、人一倍がんばってくれる。

持って生まれた「核」を生かす重要性

本書のテーマである「自分を捨てる仕事術」の本質は、自分を捨て、他人の得意技を盗む、ということだけではなく、他人の得意技を見極め、結果、自分を獲得し直すこと、と言えます。

なぜ、他人の得意技を見極めることが、自分を獲得し直すことになるのか。それは、「自分より得意な人がいる仕事は、自分がやる必要はない。その仕事を人に任せることで、自分の得意な仕事に集中できる」からです。

鈴木さんは、本当に人の得意技を言語化し、引き出すことが上手です。

よく、鈴木さんのことを批判気味に、「鈴木さんはだれでも利用しようとする人だよね」と言う人がいます。

たしかに、そう見えるくらい鈴木さんは、人を使うのがうまい。ですが、鈴木さんに近い人であればあるほど、「利用されている」と感じている人は少ないと思います。

世の中には、才能のある人の横について、自分が輝こうとする人が少なくありません。でも、鈴木さんはそうではない。

なぜ、鈴木さんだけが違うのか。

それは鈴木さんが、自分の主観を排し、人の「得意技」を見極め、個々の能力を最大限に生かすチームをつくったからにほかなりません。

鈴木さんの存在なくして、高畑勲、宮崎駿という両監督が、これだけの傑作を残すことはありえませんでした。

どんなに生活態度や社会的対応が無茶苦茶な人でも、一芸が秀でている人は尊重し、その分野の最前線に投入する。だから、鈴木さんのまわりにいる人は、変わった人が多い。しかしそのことで、大きな仕事を成し得るのです。

1章で「核」という概念に触れました。

得意技とは、まさに「自分」を捨ててはじめて顕われる、その人が本来持つゆらぎない「核」です。鈴木さんは、仕事相手の「核（得意技）」を見出すことの重要性を、心底わかっている人なのです。

「得意技」と仕事する楽しさ

「得意技」を言葉にするという習慣は、仕事をとても楽しくしてくれます。

人はどうしても、自分が好きなタイプの人、自分がストレスを感じない人との付き合いを優先しがちです。もちろん、一緒にいていやな気持ちになる人と友人になる必要はありません。

ですが、仕事は違います。

自分にない能力を持っている、優れた人と組むことでしか、大きな仕事は成し得

ません。

相手の得意技を見つけることを意識すると、どんな人に会っても、性格や雰囲気はあまり気にならなくなります。むしろ、本書で繰り返しているように、「この人はどういう立場にいて、何ができる人なのか」という具体的能力に注目することができる。

では、ぼくの得意技とはなんでしょうか。

残念ながらぼくには、優れた企画力やプロデュース能力、強大な決定権や組織力、資金力はありません。

鈴木さんにハッキリ言われたことはありませんが、おそらく鈴木さんがぼくの「得意技」として評価してくれているのは、

「聞いたことや見たことを、正確に言葉や文章にして、第三者に伝える能力」

なんだろうと思います。

鈴木さんと宮崎さんとの伝言役を仰せつかったり、重要な会議に、必ず出席させてくれたり、高畑さんの発言を整理してまとめる役を任せられたり、常に鈴木さんは、ぼくの得意技を引き出す仕事を与えてくれました。

先日、鈴木さんがぼくのことをこう言っていたそうです。

「石井は、プロデューサーとしてはどうかわからないけど、言ったことや見たことを整理してまとめるのはうまい。本当は、地方の新聞記者に向いているんじゃないかなァ」

……大変複雑な心境になりましたが、そのとおりです。

でも、いまさら新聞記者になる道などありませんから、ぼくはこの業界で「石井が言ったことは、正確だしわかりやすい」という得意技を突き詰めて、プロデューサーという仕事を極めたいと思っています。

考えてみれば、プロデューサーの仕事の大半は、情報の伝達です。さまざまなトラブルも、情報を整理して再構築すれば、必ず乗り切れる。なのでぼくはきっと、プロデューサーに向いていないこともない……のです。たぶん。

おわりに

ぼくは、自分のことを書くのがとても苦手です。

原稿を書くにあたって、何度も編集者に、「もっと自分を出してほしい」と言われたのですが、20年近く、本書に記してきた「自分を捨てて他者を真似し、整理する仕事」を続けてきたせいか、どうしてもできない。

その結果、本著は、鈴木敏夫さんという師から学んだ（真似た）ことを、どう整理し、実践しているかを書いた本になりました。

はじめて書く本ですし、どういうものになるのかまったく想像がつきませんでした。当初は、師と弟子のエピソードを中心としたエッセイをイメージしていましたが、「本書に書かれた仕事術は、若い世代や、自己流の壁にぶち当たっている仕事人にとって必要だ」という編集者の意見で、ビジネス書に近い本になりました。

「おわりに」を書きながら、鈴木さんの言葉をまたひとつ思い出しました。

「人は、自分のために他者を必要とするし、他者に必要とされる自分が自分なんだよ」

自分を捨て、他者の生き方を真似、自分に本来備わっているものを見据える。
そのために人は、だれかを必要とするのだと思います。
だからこそ一度「自分を捨てる」必要があり、「だれかを真似る」ことで自分を知り、他者に対する尊敬の念も獲得する。それが、人生における「学び」であり、仕事を楽しむ唯一の方法です。

鈴木さんには真っ先に、この本のことを相談しました。
すぐにこんな返事が返ってきました。

「いいじゃん。石井にしか書けないことだし。たぶん、記憶違いなどいろいろあると思うが、おれは関与しないほうがいい。おれが関わったのでは、ここは違う、ここもと言いだし、挙げ句は、過去のねつ造になりかねない。だから、おれは本が出てから、読むよ」

本当に、鈴木さんはかっこいい。

この本が世に出るきっかけをつくってくださったWAVE出版の編集者・飛田淳子さんに感謝します。この本がだれかの役に立つとしたら、それは飛田さんの編集術あってのことです。ぼくはただ、飛田さんに提示していただいたテーマにそって、鈴木さんに学んだことを思い出し、書いただけでした。

本著に登場し、ぼくの人生に大きな影響を与えてくれた、友人の菅野祐悟さん、川村元気さんにも、心から感謝します。彼らのような才能を持つ人が同世代にいることが、なんと幸せなことか。

そして、原稿の事実関係を確認してくださったスタジオジブリの野中晋輔さんと田居因さんに、御礼申し上げます。野中さんには、ぼくの曖昧な記憶を正していただき、田居さんには、「なぜぼくがこの本を出すのか」という根本的な問いかけをいただきました。

最後に、この本を手に取ってくださった方に、心から感謝申し上げます。

偉そうなことを書き連ねてしまいました。本来こういう本は、世の中に大きな影響を与えた方が記すべきなのではないか、と何度も自問自答しながら書きました。ひとりの未熟な人間が、素晴らしい才能の持ち主と出会い、彼らを真似、少しでも追いつこうとした過程のどこかが、読者の皆様の今後の仕事や人生において、何かの役に立つことがあれば、これに勝る喜びはありません。

鈴木さんに教えていただいたことをどう伝えたらいいか、ずっとそれだけを考えて書いてきました。その時間は、とても幸せな時間でした。そんな幸せな時間を通して、あらためて胸に刻んだ言葉を、皆さんに贈ろうと思います。

「自分以外のことを考えている人生は、本当に豊かである」

最後まで読んでくださり、ありがとうございました。

2016年6月吉日

石井朋彦

新装版によせて

この本が出版されてから7年。今もたくさんの方々からの感想や、鈴木さんが伝授して下さった「自分を捨てる仕事術」を実践しているというお言葉を頂きます。うれしさで胸がいっぱいになると同時に、ドキドキします。何しろ僕自身がまだ道半ば、この本に書かれていることを実践している最中なのですから。

2020年から3年半、僕は宮崎駿監督の最新作『君たちはどう生きるか』のスタッフとして、鈴木さん、宮崎さんのもとで再び作品のお手伝いをさせて頂く機会に恵まれました。

何よりうれしかったのは、おふたりが元気に仕事をしていること。そして今も変わらず、自分よりも誰かのことを考え、映画を作っている姿を目の当たりにできたことでした。

例えば『君たちはどう生きるか』をつくるきっかけについて、ふたりが語ったときのこと。

「鈴木さんが作ろうと言ったからです」
「違いますよ。宮さんがやりたいって言い出したんじゃないですか」

まるで漫才の掛け合いのようですが、自分がやった、オレの手柄だと言ってまわる「アレオレ詐欺師」が跋扈《ばっこ》する昨今、ふたりは企画決定の瞬間まで相手の手柄にしてしまうのです。責任を互いに押しつけて、背負っているものを軽くしようとしているとも言えますが……。『君たちはどう生きるか』をご覧になった方はピンとくると思いますが、主人公・眞人とサギ男のやりとりは、宮﨑さんと鈴木さんの関係そのものなのです。

ある打ち合わせで、宮崎さんはこんなことを言っていました。

「映画作りは、紙芝居屋さんと同じです。一枚一枚、目の前のお客さんを喜ばせなければならない」

鈴木さんは、今もこうです。

「いつも誰かのことを考えていて、自分のことを考えているヒマがない」

どんなに大きなプロジェクトも、仲間やクライアント、お客さんのことを考えず、自分のことばっかり考えていたらうまくいかないでしょう。自分のアイデアや手柄にこだわり、仲間の助けを借りようとしない人の周りには、誰も集まりません。

新型コロナウイルスの流行やロシア・ウクライナ戦争を経て、僕たちは前よりもずっと、他者と向き合うことの重要性を突きつけられています。自己責任論や利己主義、格差の拡大やＳＮＳの普及によって分断が進む世界で「どう生きるか」とは「誰のために生きるか」と同義になっていると感じます。自意識や承認欲求ほど、抱えていて無駄なものはありません。宮崎さんはＳＮＳの炎上について、「承認欲求の渦」と評していました。

この本に書かれていることは、今も誰かの役に立つと信じています。今こそ自分を捨て、人の力を借りながら共に生きることが、過酷な時代を生きるたったひとつの方法なのだ、と。

最後になりましたが、新装版の出版を提案下さったＷＡＶＥ出版の方々、関係者の方々、そして本書を手にとって下さった読者の皆様に、心より感謝申し上げます。

２０２３年９月

石井朋彦

石井朋彦
(いしい・ともひこ)
アニメーション映画プロデューサー。
鈴木敏夫プロデューサーに師事し、
『千と千尋の神隠し』『ハウルの動く城』
『君たちはどう生きるか』等のプロデューサー補を担当。
著書に「思い出の修理工場」(サンマーク出版)がある。

新装版 自分を捨てる仕事術

鈴木敏夫が教えた「真似」と「整理整頓」のメソッド

2023年 9 月13日　第1版第1刷発行

著者
石井《いしい》朋彦《ともひこ》

発行所
WAVE出版
〒102-0074 東京都千代田区九段南3-9-12
TEL 03-3261-3713／FAX 03-3261-3823
振替 00100-7-366376
E-mail info@wave-publishers.co.jp
http://www.wave-publishers.co.jp/

印刷・製本
光邦

NDC591 275p 19cm　ISBN978-4-86621-466-5

本書は、2016年8月小社刊『自分を捨てる仕事術』の新装改訂版です。